「向阳文化」引领生命起航

——新发地小学「向阳文化」建设的思考与实践

主编　徐学敏

图书在版编目（CIP）数据

"向阳文化"引领生命起航:新发地小学"向阳文化"建设的思考与实践/徐学敏主编 . -- 北京:北京联合出版公司,2015.5
ISBN 978-7-5502-5343-8

Ⅰ.①向… Ⅱ.①徐… Ⅲ.①小学教育－教育研究 Ⅳ.① G622.0

中国版本图书馆 CIP 数据核字 (2015) 第 102384 号

"向阳文化"引领生命起航
作　者：徐学敏
选题策划：北京市丰台区新发地小学
责任编辑：宋延涛　徐秀琴
封面设计：赵振
版式设计：赵振

北京联合出版公司出版
（北京市西城区德外大街 83 号楼 9 层　100088）
北京庆泉新光印刷厂印刷　新华书店经销
字数 185 千字　240 毫米×170 毫米　1/16　11.75 印张
2015 年 5 月第 1 版　2015 年 5 月第 1 次印刷
印数 1~2000 册
ISBN 978-7-5502-5343-8
定价：38.00 元

编委会

主编：徐学敏

编委：徐学敏　李晓燕　胡燕春　陈洪丽　张淑红　李辉
　　　刘　杰　杨　利　刘　建

行走在追求理想的路上

人类自从有了教育，理想就与之相伴：教育让人从无知走向睿智，从幼稚走向成熟。理想让人与动物有了区别，让人从平庸走向伟大。教育因为有了理想，才更有目标，更有理性。理想因为有了教育，才薪火相传，色彩斑斓。

在教育理想的照耀下，苏霍姆林斯基把"帕夫雷什中学"打造为我们至今学习的榜样。陶行知用"知行合一"的精神，为我们践行了"晓庄师范"——这一农村教育的成功典范。

而今，教育的理想也始终在照耀着我们前行。阳光教育作为一种自觉摒弃当前灰色教育的理想追求，它以阳光为意象，将公正、温暖、和谐、自然作为核心价值理念，通过建立积极的学校文化和科学系统的育人体系，实现对教育理想的追求。正是由于阳光教育的这种理想性，因而吸引着众多教育者的自觉追逐与践行。新发地小学无疑就是其中一名坚定的追随者和践行者。

在阳光教育的召唤下，徐学敏校长带领新发地小学开始了历时七年的探索。在这七年中，学校的教育理念从泛化到深化，目标从朦胧到清晰，行动从零散到系统，成绩、声誉从一般到显著。在追逐阳光的路上，留下了串串足迹和累累果实。回望七年历程，可以欣喜地看到，在阳光教育的照耀下，学校蓬勃发展，开出了一朵朵绚丽的生命之花。

开展阳光教育的重要前提，就是要教育者自己首先成为阳光人，并不断地进行自我发展。为此，新小适时地提出建设"向阳文化"的发展理念，提出"让每一位教师心中充满阳光是职业的需要，更是教育事业的需要"，引导学校中的每一个人都能像向阳花追逐阳光一样，尽力生长，追求高尚的品质、探索知识和发现自我。七年间，他们推出了争做阳光教师、阳光家长、阳光少年等一系列的向阳举措；逐步构建向阳文化体系，制定了向阳制度，构建了向阳课程，探索了阳光课堂，建设了向阳书院，开展了阳光评价，创建了阳光家庭，抒写

了阳光心语……可以说，阳光洒满了新小每一个微小的角落，充满在每一个新小人的心中！

更为难能可贵的是，徐学敏校长不仅引导"向阳文化"，更身体力行践行"向阳文化"。她提出要 "做一个心中永远充满阳光的校长"，并以自己全部的心力引领师生生命起航。从徐校长身上，我们看到了责任、信念、热爱、专注、宁静、理性、善思、笃行等一系列优秀教育者身上的品质。透过徐校长朴素的话语和幸福的成长历程，以及不平凡的办学成绩，我们看到了她对教育本质的深刻理解和对教育事业至高境界的追求。而这些正是新小之所以快速崛起与发展的关键所在！

有一首小诗曾这样写到：梦，总不够漫长，但我们需要梦想！情，总让人受伤，可我们念念不忘！雨，下得再漂亮，但我们还是喜欢阳光！既然我们的教育现状需要我们去播撒阳光，既然我们的职业性质要求我们去播洒阳光，那就让我们都做一朵"向阳花"吧，向新小那样，心向阳光，快乐地行走在追求理想的路上，去享受那生命的朵朵绽放。

中国阳光教育研究院副院长
首都师范大学基础教育发展研究院教授

杨朝晖

2015 年 4 月 12 日

我的向阳教育情怀

徐学敏

阳光之于泥土，是种子萌发的希望。

阳光之于天空，是鸟儿飞翔的翅膀。

阳光之于儿童，是笑靥绽开的绿色；也是梦想驰骋的金黄。

阳光之于教育，是有声语言的交流；也是无声思想的碰撞。

阳光之于人类，是温暖，是热爱；是真情，是智慧；是追求，是奉献；

是快乐，成功；是幸福，也是理想……

——题记

我从小就喜爱阳光，喜欢她的温柔，喜欢她的热情，喜欢她的无私。

每每午睡梦醒时分，是阳光轻抚我的面颊，如同母亲的手；心情如晦的日子里，是阳光的照耀，不，是阳光的注目，一如母亲般似水温情，又如情人般似火热情，瞬间驱散了我心头的寒冷；每当做错了事惶恐之际，又是她深情的注视，使我感受到母亲般的爱意和宽容；每每走过马路，见到冬阳下蜷缩街头的老人也舒展着眉心、享受着自然母亲慷慨的赐予时，我的胸中都会涌起一种莫名的感动……

这是大自然的阳光，其实，人间的阳光更多。都说岁月无情，其实阳光有意。不经意间，我们每个人流逝的岁月中，有多少成功的人和事是受"惠"于人、"惠"及于人的结果呢？

回想自己的人生轨迹，我难免感慨良多：

回顾走过的道路，我觉得自己是幸运的。虽然也有风雨，也有磨砺，但和很多同龄人相比更多的是温暖。因为享受了太多的恩泽，所以，这么多年来，我一直以一颗感恩的心面对我所遇到的每一个人。无论是什么人，我都以诚相待，而且能帮必帮，因为我喜欢助人时的那份真诚和给予之后的那份踏实与满足。

1

回顾走过的道路，我觉得自己是幸福的。虽然也有悲伤，也有坎坷，但和很多同龄人相比更多的是快乐。因为享受了太多的关爱，所以，这么多年来，我一直以一颗执着的心做好我该做的每一件事。无论做什么事，我都尽心竭力，而且甘于奉献，因为我喜欢做事时的那分专注和付出之后的那分充实与快感。

回顾走过的道路，可谓是一路阳光，生命在阳光中萌发，在阳光中铺展，在阳光下成长，我面带微笑享受生命成长的过程，常常感到这个世界是如此美好！

求学路上 "感受阳光"

小学、中学、师范，我都是师生公认的好学生、好干部，同学中的佼佼者。1984年我从师范学校毕业，被分配到全区最偏远薄弱的学校——陈留小学任教，走上了神圣的三尺讲台，开始了自己的教育生涯。

从上班第一天起，我便全身心地投入到了工作之中，并在领导、老师的帮助之下，很快摸索到了一些工作上的门道，而且乐在其中。

为了成为一名优秀的教师，工作没多久，我就顶住巨大的工作压力，参加了成人高考，先后报考了中文系及管理系，并顺利地取得了本科学历，这更增强了我干出一番事业的决心和自信。

那段时间，我特别努力，特别勤奋，也感到特别充实，特别有成就感。生命的阳光照亮了我熬过的日日夜夜，丰富的知识丰满着我翱翔的羽翼，阳光的求学之路使我倍感生命的深邃与丰厚。

任教途中 "体验阳光"

从与教育事业结缘的那一天起，我就痴迷其中、甘之如饴，阳光的从教之路使我不断体验着生命的付出与快乐。

做班主任时，我的教育理念是尊重和平等对待每一名学生，把爱的阳光洒给每一位学生，做学生心灵的导航者，让每一名学生的个性和特长都得到最好的发展。

我的教育秘诀就是走进每一名学生的心灵，做学生的良师益友。在班级管理中，我真心实意对待每一个学生，不放弃任何一个学生，没有例外。我擅长学生心理疏导，关注教育的每一个细节，注重学生良好道德情操的培养，注重形成班内团队精神。

人格魅力的感染，生活上的关爱，朋友般的促膝谈心，耐心的功课辅导，像一把把心灵的钥匙，打开学生的心扉，又像一束束温暖的阳光，照亮学生的心灵。做班主任工作的十年是我感到特别开心快乐，而又轻松自然的时光。

十年的班主任经历增强了我的综合素质、能力，使我具备了教育管理者的基本条件与素养。由于工作出色，我一步步被推上了学校管理岗位，担起一个又一个工作重担，副校长、校长兼书记、乡教委副主任、主任、党总支书记。

还记得初做管理工作时，内心既兴奋又紧张，兴奋的是我终于有机会把自己的一些想法付诸行动，紧张的是我这个人不喜欢按部就班地做事情，可学校又是一个比较讲规矩的地方，我怕一不小心把学校带偏了。

好在阳光成长起来的我，特别注重阳光管理，特别注重老师的心理需求，深知要以尊重和关爱为前提开展工作，努力营造和谐的集体氛围，与此同时逐渐引入先进、超前的办学理念，致力于科学、规范、创新的管理，与全体教职工一起并肩奋斗，渐渐赢得了社会赞誉，为学校发展做出了自己的贡献。十几年下来，我的管理思想在不断的读书、学习、实践、反思中逐渐成熟、丰厚起来。

一个阳光明媚的午后，我漫步校园，一遍又一遍地回首来路，校园内的几株向日葵在微风中轻轻摇曳，"阳光教育"几个字越来越清晰地呈现在脑海中。拥有阳光般灿烂的笑容，使用阳光式的工作方式，怀着阳光一样的生活态度，用阳光谱写一曲曲华美的乐章，让生命的阳光照亮教育的每一个角落。这应该就是我不断实践和努力追求的教育理想。从那以后，我便不断思考着如何让"阳光教育"更加阳光……

不久后的一天，在看书的时候，我看到了这样一则小故事：两个小男孩儿，由于卧室的窗户整天都封闭着，他们认为屋内太阴暗了，于是，兄弟两人拿着扫帚和簸箕，到阳台上去扫集阳光。等他们把簸箕搬到房间里的时候，里面的阳光却没有了。妈妈看见了，笑着说："只要把窗户打开，阳光自然会进来啊！"故事很简单，道理却令人深思。

我的心中更加明朗，我对"阳光教育"有了更深入的思考和更美好的设想。

办学实践"播撒阳光"

2008 年初，由于工作需要，我接任了新发地小学校长一职。经过了多年的积淀与思考，此时，"阳光教育"理念已渐渐深入我的头脑和灵魂，与我密不可分地结合在了一起。

用生命培育生命，用爱心滋养爱心，用温暖传递温暖，用尊重播撒尊重，用智慧启迪智慧，尊重每一个生命真实的成长历程，努力让每一个阳光教育下成长的孩子都有机会成长为有志气、才气、大气、灵气，悦纳自我的真实的生命体……就是这些思考与思想，我提出了"阳光教育"理念。

这一年夏天，学校"春华秋实园"里的那一片"不畏风雨追逐阳光生长，成熟则垂首大地"的向阳花深深吸引了我，这不正是我们师生的最好象征吗？朴素田野、坚韧执着、乐观顽强，追逐阳光奋力生长，成熟后则回报社会。师生们的成长过程与向阳花的生长过程竟是那样的一致。

此时，我的"阳光教育"理念进一步发展，2009 年正式创建起了以"阳光教育"为基础的"向阳文化"，并致力于以此引领师生的生命起航。

打造向阳文化，构建向阳教育体系，制定向阳制度，构建向阳课程，倡导阳光课堂，建设向阳书院，培训阳光教师、阳光家长，培养阳光少年，培育阳光心态，开展阳光评价，创建阳光家庭，抒写阳光心语……阳光就在每一个生动的细节中，阳光就在每一次的磨炼与努力中！

播撒一路阳光，收获一路硕果。转眼七年过去了，学校在七年多的时间里发生了巨大的变化，今日的新小焕发着勃勃生机！不仅基础得到巩固，而且特色项目发展势头良好，充满浓郁的人文气息的"向阳文化"已成为了丰台教育的一道亮丽的风景线。在向阳文化引领之下，学校的知名度越来越高了，上级的支持力度也越来越大了，师生的精神世界更是因此而阳光普照。

向阳文化给老师们带来的是闪耀着思想光芒的精神大餐。"阳光工作，幸福生活"，"让同伴成功，相互成为阳光"，"平等全纳，让阳光洒满每张笑脸"……这些都是我和老师的共同目标。

向阳文化给学生们带来的是描绘得五颜六色的快乐童年。"展阳光体育运动，炫阳光少年风采"，"剪纸炫经典，潜心悟国学"，"新小，梦想开始的地方"……这些都是孩子们的心声。

窗户打开了，阳光进来了，师生们的心门敞开了，阳光以文化的形式播种下来，并很快地生根发芽了……葵香满园、书香满园、墨香满园、画意满园、阳光满园……向阳文化理念下的新小更加漂亮、大气、灵动；向阳文化理念下新小的每一分子更加美丽、自信、阳光，他们每一天都积极地释放着自己的阳光和能量……满园的笑声与读书声之中，我和我的师生们构建着有情、有趣、有美的阳光校园！

学校阳光务实的工作很快便得到了各级领导的赏识、社会的认可、教师的赞同、学生的喜爱。良好的口碑也给学校的阳光管理工作带来了巨大的动力。我们每一天都会迎来新的阳光，我竭尽全力经营着学校，为了学校的内涵发展，为了师生的健康阳光，乐此不疲……

办学兴校 "需要阳光"

"要播撒阳光到别人心里，先得自己心里有阳光。"罗曼·罗兰如此说。为了播撒阳光到别人的心里，我竭尽心力去完成每一次美丽的心路历程，始终让心灵充满阳光。

做一个心中永远充满阳光的校长，于己于人，都会拥有阳光，这不仅是时代的呼唤，也是我的追求和向往。我常常想：只要校长心里阳光灿烂，用共同的愿景营造学校的团队，善于展现人格的魅力，给师生以潜移默化的影响，就一定能够把学校打造成为有文化品位的学校。

一个充满阳光的校长每天迎来的都是新的太阳，开始的都是新的旅程，我用我的阳光感染着每一位老师，我尊重每一位，关心每一位，关注每一位，赞赏每一位，真诚地对待每一位教师。我尽力做到"思教师之所想，察教师之所虑，亲教师之所爱，为教师之所需，做教师的贴心朋友"。因为我深知校长的一句不经意的表扬，一个赞赏的目光，甚至一个笑脸都会使教师心里阳光一片。

多年来，我始终以"念人之善，扬人之长，量人之难，帮人之过"作为自己的处事原则，我常常给他们送去阳光般的温暖与关怀，也常常帮他们除去心里的阴霾。我的管理中教师快不快乐至关重要，因为我清楚地知道，教师不快乐，学生是不可能快乐的；因为教育的工作是一个因果相承的工作，教师心中充满阳光，就会把阳光播撒在学生心坎上。让每一位教师心中充满阳光是职业

的需要，更是教育事业的需要，也是校长义不容辞的责任。

在打造教师的阳光心态的同时，我尽力创造让学生快乐的环境，我们创设了透着浓郁人文关怀的阳光校园环境，我们开展了让学生终生难忘的向阳特色活动，我们开发了让学生张扬个性的向阳校本课程，我们立足学生的终身发展需要，注重学生良好行为习惯的养成和学习习惯的形成，我们扎扎实实地落实了课程计划。

学校在发展，教师在进步，学生在成长，我的阳光旅程一天一天在继续！我为我的阳光校园温暖着，为我的阳光教师们幸福着，为我的阳光家长感动着，为我的阳光少年们骄傲着！

享受教育"一路阳光"

我的童年生活在毫不费力的欢乐之中，每当忆起往事，不只是成就与收获历历在目，那累累硕果除迷人的芳香之外，分明还带着阳光的味道。自然界的阳光，照在身，暖在身，而从人心灵深处释放出来的阳光，其产生的精神力量是无可比拟的。

相比之下，童年的玩伴有的却要付出非比寻常的努力才能获得相同的欢乐，然而他们没有选择抱怨命运，而是勇敢地挑战，乐观地面对生活，为此我的心中又从他们那里分享到了一束阳光。我想：一个心灵充满阳光的人，可以不选时，不择地，创造快乐，获得成功。

长大之后，为了实现心中的理想，每个人都在不懈追求，行走在理想与现实之间。被向阳文化理念所吸引，一批志同道合的人才凝聚在了一起。我们热爱阳光的温暖与多彩；我们崇尚阳光的公正与和谐；我们追求阳光的热烈与光明。

在我看来，阳光代表着生命、奉献、向上和活力。阳光，是学生享有公平、快乐的学习机会；是老师富有激情、责任的育人使命，是师生、家长共享同一片心灵绿洲的幸福。

在我眼中，教育是有生命色彩的。"采撷阳光，享受教育，阳光工作，幸福生活"应深深刻进每位老师的心里，映在每个人的脸上，融进每个人奉献的脚步中，润泽每个人的心灵。

用阳光定位新小文化，就是在解读、传播和建设人人渴望的幸福。从这个意义上说，"向阳文化"就是博爱、公平和公正，就是关爱、正大和永恒。

思想的深度，成就了事业的高度，决定了生命的维度。学校的管理之道，就在于以生命为原点，用淡雅的笔勾勒出学校生活的乐趣，用平实的语言折射出美丽的教育教学之光，用最质朴的情感——爱、最有效的纽带——文化来感召人，唤发生命的激情，形成阳光心态、魅力人格、责任人生，悦纳自己，欣赏他人，引领着大家做好每件事，快乐每一天。

看看身边的老师，每一个都是那么负责，那么敬业，这是孩子们的荣幸，也是我的骄傲。我想我的工作就是把舞台搭建起来，让向阳文化更好地传播，给更多的孩子、教师的成长以实实在在的帮助。

教育没有起点，也没有终点，只有行走之时的每一个句点。因此我要努力给师生呈现多个点，并和谐地交织在一起，构成教育教学行为一连串相互影响的体系。当师生们的风采和谐地交织在一起的时候，就外化为丰满而富有魅力的主体形象。那时候，心中的向阳文化将更加丰满，学校品牌将更加凸显了。

如今，眼望那一茬茬苗壮成长的满园青葵，甘做阳光的我是满足的，更是幸福的，正如送人玫瑰手有余香，播撒阳光，永远给人一种暖阳般的气息，收获的光环只会更加灿烂。正所谓：把一缕阳光播种下去，收获到的将是万千灿烂！

这一路阳光，真好！

目录
contents

第一章

「向阳文化」
——引领生命起航

第一节 平民的孩子也能享受阳光

新发地小学始建于 1950 年，地处丰台区南端，属城乡结合部。历经风雨沧桑 65 年，新发地小学发生了翻天覆地的变化，它从改革开放前的破旧庙堂改造成一排排的红砖瓦房，随着城市化建设的进程又发展为现代化的教学楼；它从建校初仅有一名教师、两名学生，已发展到今天的一千多名学生。它是新中国沧桑巨变的见证，也是新北京农村教育发展的缩影。新发地小学的一千多名孩子都来自平民家庭，70% 多为来京务工人员子女。调查研究表明，这些随迁子女群体的内心有以下一些感受。

第一，陌生感。这些随迁子女的家庭，来自全国 24 个省、市、自治区，包括 10 来个民族。他们带着浓重的不同地域的文化背景，来到北京。虽然不像刘姥姥进大观园那样惊讶，但是他们还是感到了家乡风景秀丽的山村，与京城国际大都会的巨大落差，看到什么都觉得新奇陌生。

第二，冷落感。80% 的随迁子女的家长文化程度不高，仅小学、初中水平。再加之他们多在新发地批发市场忙于生计，对孩子的关注度远远低于京籍学生的家长。他们没有时间亲近孩子，没有时间呵护孩子，没有时间管理孩子，没有时间教育孩子。一天到晚很难有单独和孩子在一起的时间。孩子们有一些被冷落了的感觉。

第三，约束感。随迁子女的生活自理能力强于京籍的孩子。他们大多不需要家长手把手的看护，身体强壮，来去自由，聪明活泼，顽皮好动。但是规范性较差，没有形成良好的学习习惯、生活习惯。孩子们走入学校，要在阳光下，学习纪律，掌握纪律，遵守纪律。集体生活要他们增强组织意识、规则意识、友爱意识、团结意识，他们感觉手脚被束缚了，走进正规的小学校，有一定的

约束感。

第四，落后感。他们多来自经济欠发达的农村，家庭的经济基础、生活习惯、文化氛围，与京籍学生家庭的经济基础、生活习惯、文化氛围存在很大差异。随迁子女进入新发地小学以后的表现是：接受学前教育的基础比较差，知识视野不够开阔，家庭学习环境比较狭小，家长对子女学习的辅导存在困难。一部分随迁子女与京籍学生，虽然同在一个教室里，但是学习、生活习惯都存在一些不同。这些孩子，人虽然进了校门，但学习状况与北京的教育发达状况尚不适应。他们觉得，原来的环境太落后了。

第五，距离感。他们带着一种崇敬的感觉在北京生活。手里虽然拿着暂住证，住在租来的房屋里，但是仍然觉得自己是暂住人口，是临时户，不知道是否可以常住，不知道是否稳定，不知道是否安全，认为自己的生活不够阳光；和城里人比，低人一等，难以挺起胸膛走路，难以抬起头来做人。他们的暂住地大都处于城乡结合部，远离城市中心区域，与现代化的大都市生活还有一定的距离感。

即使是京籍学生，也都是周边农民的孩子，属于无路、无条件择名校的弱势群体，也都面临着在巨变的环境中自我定位和自我认同的问题。

这些平民的孩子朴素田野、乐观顽强，自我发展的愿望很强烈。但是在日益复杂的大环境里，他们容易迷失自己。如何做才能帮助这些平民的孩子也能享受阳光，健康成长呢？这就要求我们教育工作者，要有阳光教育情怀，树立阳光教育理念，办好百姓身边的学校。

第二节 "向阳文化"引领生命起航

一、向阳文化的思考

鉴于我校独特的地理位置和生源环境，我们明确了目前的根本任务：结合城市化进程中农村人口流动和城镇化的时代背景，满足"离开乡土"的新一代儿童的成长需求，帮助"新城市"家庭完善家庭教育，尽早完成家庭文化与社会文化发展的衔接和过渡，培养适应社会发展、积极进取、悦纳自我的时代公民。基于这样的教育任务，我们以向阳花为标志物，以"阳光教育"为核心提

出了"向阳文化"的学校办学理念。

向阳文化关注生命主动健康成长的过程，注重培养健全的人格。它是以"生命"为核心，注重挖掘人的本性、潜能、经验、价值，重视师生的自我实现，倡导发挥学生的自主性和创造性，主张将情、智教育融为一体。

向阳文化着眼于全体学生身心的和谐发展，为学生的终身幸福奠定基础；着眼于学生个性的健康发展，为提升学生的生存能力和生命质量奠定基础；着眼于增强学生在自然和社会中的实践体验，为营造健康和谐的生命环境奠定基础。

向阳文化还要传播和创造与可持续发展有关的观念、态度、价值和知识，唤起学习者对人与自然、社会发展的整体关注，理解生命的基本规律和深刻认识生命的可持续发展性的重大意义，使学生形成可持续发展的思想意识，最终使他们能够在自己所处的生存环境中诗意地栖息、幸福地生活。

向阳文化既是面向平民阶层的教育，也是面向所有人的教育。

第一，向阳文化关注人的尊严，促进教育的平等，特别是要关注社会弱势群体的教育。

第二，向阳文化向基础教育提出了更高的要求，即不要单纯地注重入学机会的均等，更要关注教育过程的均等。它将重点放在受教育者是否学到了有用的知识、是否掌握了各种技能、是否具有正确的价值观念，是否为受教育者的一生奠定了幸福的基础，提供了获得幸福的能力。

第三，向阳文化注重改善学习环境，主张必须保障接受教育的必需条件，比如健康、营养、卫生以及物质和情感等方面的生态环境。

第四，向阳文化还注重加强伙伴关系。重视学校、家庭、社会的合力教育，形成立体的教育网络。

"向阳文化"以"阳光教育"为核心，但不拘泥于"阳光教育"。"阳光教育"是一个名词性词语；而"向阳文化"运用了一种动态性的表述方式，强调教育活动中学生发展的动态性，以学生发展需要为中心，激发师生探索未知的精神，引导学校中的每一个人都能像向阳花追逐阳光尽力生长一样，追求高尚的品质、探索知识和发现自我。《论语》上讲：对于内心的信仰和追求，我们要"造次必于是，颠沛必于是"。选取以向阳花对阳光不懈追求为核心的向

向阳文化 引领生命起航

阳文化也是基于这样的一种对新发地小学人的期望：不管是匆促急遽之时，或者是颠仆困顿之时，不管是在学校还是离开学校，把握住信仰，把握住自我，就把握住了未来。一息尚存，就要努力向上生长。

经过了多年的积淀与思考，此时，"向阳文化"理念已渐渐深入我们的头脑和灵魂，与我们不可分地结合在了一起。用生命培育生命，用爱心滋养爱心，用温暖传递温暖，用尊重播撒尊重，用智慧启迪智慧，尊重每一个生命真实的成长历程，努力让每一个向阳文化下成长的孩子都有机会成长为志存高远、脚踏实地、合作共进、悦纳自我的可持续发展的阳光少年……就是这些思想与思考，使我们创建起了"向阳文化"，并致力于以此引领师生的生命起航。

二、向阳文化体系

（一）向阳文化的理念体系

"向阳文化"内涵：平等全纳、朴素田野、坚韧执着、乐观顽强、相互成为对方的阳光。

我校的学生来自十来个民族，二十多个省、市、自治区。他们多来自广阔的农村，具有朴素田野、乐观顽强的特性。基于此，要求我们的教育必须是平等的、全纳的，在这种平等全纳的教育中人人都应成为对方的阳光。教师是学生的阳光，学生同样也是教师的阳光，同样，家长与孩子、教师与家长、学生与学生、教师与教师、学校与社区之间等都应给予对方支持和帮助，相互成为对方的阳光。

办学宗旨：平等全纳，让阳光洒满每张笑脸。

教育理念：追逐阳光，发现自我。

探索自然和发现自我一直是人类发展的动力和生存的任务，这种探索与求知的精神凝练成为苏格拉底的"认识你自己"和培根的"知识就是力量"这两句指导人类文明史的箴言。基于此，我校的教育理念是以学生探索未知客观世界和体验自我生活世界为教育鹄的，以此诠释学校文化标志物"向阳花"的"追逐阳光生长，成熟则垂首大地"的乐观顽强、悦纳自我的固有品质。

办学目标：将学校办成健康、向上、和谐、共学的阳光学校。

育人目标：培养志存高远、脚踏实地、合作共进、悦纳自我的可持续发展的阳光少年。

（二）向阳文化的符号体系

校训：春华秋实，日新日进

是依据向阳花的生长和人的成长规律而提出的。

春华秋实：意指春日挥汗耕耘、适时播种，后才有秋天的丰收喜悦。此句旨在诠释我校致力于探索学生发展规律，激励学校中的每一个成员努力工作、刻苦学习，实现学校中每一个人的社会与自我的双重价值。

日新日进：出自《礼记》："苟日新，日日新，又日新。"又见《二程集》："君子之学必日新，日新者日进也。"意指坚持不懈，激励师生在积累中实现升华，每天都有进步、每日都有新变化。

校徽

运用了学校的特色校本课程剪纸艺术，由向阳花、地球、和平鸽组成。象征着在充满生机的阳光校园里，有着向阳教育理念的阳光教师引领着阳光少年像向阳花追逐阳光尽力生长一样，追求高尚的品质、探索知识和发现自我。

校旗

两只鸽子由校徽而来。红色与剪纸元素相同，代表向上、创新、激情，体现学校追求卓越、永远向上的精神。

校花：向阳花

用向阳花比喻孩子们，希望他们每一个人，不管是匆促急遽之时，或者是颠仆困顿之时，不管是在学校还是离开学校，都能像向阳花追逐阳光尽力生长一样，追求高尚的品质、探索知识和发现自我。

校歌：《青青园中葵》

青青园中葵，朝露待日晞；阳春布德泽，万物生光辉；常恐秋节至，焜黄华叶衰；百川东到海，何时复西归；少壮不努力，老大徒伤悲。

我们以汉乐府诗《长歌行》为校歌。该校歌以"园中葵"喻孩子们，再用"水流到海不复回"打比方，说明光阴如流水，一去不再回。劝诫孩子们，要珍惜美好的少年儿童时光，发愤努力。这首歌借物言理，激励师生们要珍惜时光，出言警策，催人奋起。子曰："学如不及，犹恐失之。"钱穆先生注释："学问无穷，汲汲终日，犹恐不逮。"校歌《青青园中葵》与校训"春华秋实，日新日进"异曲同工，是中华民族谦谨好学、奋发求索的传统精神在学校中的具体表述。

（三）向阳文化的实践体系

1. 实践思路：

紧紧围绕办学目标，以全面实施素质教育为基础，以培养阳光少年为核心，通过培养乐业敬业、热爱学生、锐意进取、富有责任的阳光教师，以及举止文明、关心孩子、合作共进、富有责任的阳光家长团队，开发丰富多样的课程、打造民主平等的课堂、组建多姿多彩的社团、建设阳光向上的校园环境，努力构建既面向全体，又满足个性发展的向阳文化实践体系。

2. 基本措施：

（1）管理文化

1）在各项管理中坚持以人为本，追求人的思想的和谐、心理的和谐、品格的和谐。不断进行制度文化建设，建立完善的制度体系，最终形成《新发地小学阳光制度汇编》。通过阳光管理过程，让每个人形成阳光心态；通过阳光管理过程，让每个人的规范行为都有利于自己和他人的成功和成长。

2）创新师生评价体系，推行评价指标、评价主体和评价方式多元化的评价机制，形成《新发地小学阳光教师评价方案》《新发地小学阳光少年评价方案》《新发地小学阳光家长评价方案》。

（2）活动文化

1）以十项阳光少年评选为抓手，开展丰富多彩的教育活动，积极践行社会主义核心价值观，培养学生社会责任感、创新精神、实践能力等核心素质以及珍惜生命、爱护环境、勤俭节约、正直公平等价值品质。

2）根据学生的需求，开展多姿多彩的社团活动，促进孩子们的个性发展及多样发展。

3）充分挖掘、利用社会资源和地域资源，开展"走进新发地批发市场"阳光综合实践活动。通过走进社会大课堂，不仅培养孩子们的研究意识、实践能力，同时使孩子们学会负责、学会感恩、学会拼搏、学会合作、学会交流……

（3）教学文化

1）积极开展课程改革，构建以学生发展需求为导向的"向阳文化"课程体系，满足每个孩子的成长需求。

2）加强课堂文化建设，构建课堂文化评价标准，积极开展教学方式的变革，开展"探索规律，沐浴阳光课堂"的课例研究活动。在课堂上师生都要有积极向上的心态；教师要尊重、信任加激励，学生要尊重、自信加合作；教师要关注全体，尊重差异，让每个孩子有尊严地学习、生活；相互传播阳光，接受阳光；让每个人日有所得，日有所进。让课堂成为孩子们生命的一段历程。

（4）环境文化

根据学校向阳文化理念，构建学校环境文化。开展学校环境六大文化区建设：阳光窗口区、阳光运动区、阳光教学区、阳光展示区、阳光活动区、阳光生活区。让环境成为无声的课堂，让环境彰显每个孩子的自信。

"向阳文化"引领生命起航

阳光教师

——放飞孩子心灵的智者

第一节 让阳光教师成为思想、心理、品格和谐的人

培养阳光少年的一个关键因素在于拥有一支阳光的教师团队，阳光的教师一定是能够放飞学生心灵的智者。要想使教师成为放飞心灵的智者，学校管理就要给教师的创造力的发展和发挥营造宽松、和谐的氛围，使教师能够以阳光的心态去张扬个性，扩大优势，增长特长，并且在与同伴团结协作、积极共进的基础上不断进行新的思考，形成和发展新的智慧，从而成为智者。

管理者要通过管理过程让每个人形成阳光心态，通过管理过程让每个人的规范行为都有利于他人和自己的成功和成长；通过管理过程让每个人的心态都呈现这样一种色彩，即人的思想、心理、品格和谐。

所谓思想和谐，是指教师的教育追求和学校以及学生的发展目标、要求相一致，也就是教师的专业思想和客观工作、发展目标相吻合。

所谓心理和谐，是指教师面对他人的成功与不足，能够提供相应的帮助和支持。即看到他人的成绩，我要学习，不断调整自己；看到他人的困难，我能够主动地为他人提供智力、能力，乃至物质的帮助。

所谓品格和谐，是指教师能将他人的经验、成功和自己的优势、经验整合成一种新思考，形成新的工作行为。

思想和谐、心理和谐、品格和谐，三者的和谐点都是落在具体的工作上，就是理性地、平平静静地去看待客观的工作，认认真真地去调整自己的思想和感情，使自己与他人、客观永远保持高度的一致性。

第二节 增强职业归属感，实现思想和谐

一、阳光工作——人人都是管理者

实现教师思想的和谐，我们认为首先就要增强教师职业归属感，让教师成为学校真正的主人，无论是学校文化的创建，还是各项规章制度的制定，还是教师在学校生活的点点滴滴，学校都要倾听教师的建议，学校心中有教师，教师心中才会有学校、有学生，从而保证他们的工作追求与学校发展的一致性。

我校在学校文化的创建过程中，注意充分调动各方人员参与的积极性，先后三次向教师发放学校建设愿景问卷100多份，组织召开教师、干部、学生、家长、社区人员、专家等各类座谈会6次。通过深入调研，归纳各方提出的主要建议如下：第一，打造向阳文化，首先要明确"阳光德育"内涵，构建"阳光德育"工作体系。第二，向阳教育的主阵地应是课堂，如何打造阳光高效课堂，标准是什么？第三，进一步完善向阳校本课程体系，开展丰富多彩的课外活动。在此基础上，我们认真分析了来自各方的愿景，进一步完善了学校文化体系。"向阳文化"体系由"理念体系"、"符号体系"和"实践体系"构成。理念体系包括向阳文化的内涵、办学宗旨、教育理念、办学目标、育人目标；符号体系包括校训、校徽、校旗、校花、校歌；实践体系包括管理文化、活动文化、教学文化、环境文化。这样的学校文化体系构建过程，实现了教师的工作思想和客观工作、学校的发展目标相吻合。

在管理中，我们树立"人人都是管理者，管理的最高境界是自我管理"的向阳文化管理理念，注意倾听各方意见，不断完善学校工作，把管理的服务思想落在实处。我校团队原则是"让心自由，让行规范"。为了能让学校中的每个人的"心自由"，我们在各种制度的制定时采用以下过程：首先广泛征集意见，大家自主发现学校中的问题，分析问题产生的原因；然后开展相关人员大讨论活动，提出建议；最后梳理形成制度。一旦形成制度，所有人都要严格执行，即"让行规范"。例如，在修订优秀教研组评选条件时，我们首先开展不记名教师问卷调查："你认为优秀教研组应该具备什么条件？"要求每位教师按条件的重要性分别写出三点；其次，将教师所有回答按照内容分类整理统计，结果为八个方面；最后，将八个方面按照从高到低的程度进行排列并梳理语言，

11

形成"新发地小学优秀教研组评选标准"。这一过程教师们全程参与、全员参与。这一过程成为了教师们了解制度、认可制度、执行制度的过程。在参与的过程中，他们意识到他们的话语得到重视，他们的行为决定着学校制度的制定，因此逐步感受到自己在这所学校中得到尊重，逐步形成了自己在学校中的主人翁意识。例如，为了赢得学生、家长、社区满意，教师们提出四个"我能做到"，即：我能做到不体罚变相体罚学生，我能做到不收受家长的任何财和物，我能做到不因学生问题训斥家长，我能做到不为学生做有偿家教。教师们面对随迁子女教育存在的困难，以及工作量大等实际情况，不抱怨，以阳光的心态积极开展工作。在这样的工作过程中，完成了《新发地小学发展规划》，形成了《新发地小学阳光制度汇编》。这样的工作过程，保证了教师的工作追求与学校发展的一致性。

二、幸福生活——人人都有归属感

生活上的关心与体谅是让教师获得职业归属感的基础。"向阳文化"的核心价值是"让阳光洒满每张笑脸"，这里的"每张笑脸"既包括学生，也包括老师，它包括学校中的所有人，更确切地说，它包括与我们新发地小学有关系的所有人。"如何使教师感受到阳光的温暖，老师在学校的生存和发展状态是怎样的、又应该怎样"等一直是我们学校关心的问题，因为学校不仅是老师工作的地方，也是老师生活的地方。学校仅仅关心老师工作是不够的，还要让老师在这里幸福地生活。为此，学校采取了一系列人性化做法：每月半天看病时间；在不影响授课的前提下，病事假均不扣课时费；教师们周五下午在不影响工作的前提下，三点半可以下班；50岁以上的女教师、55岁以上的男教师下午第一节课没课可以延长午休，推迟到两点上班；为岁数大的教师配备午休宿舍；为教师办公室配备可午休的沙发，以备有身体临时不舒服的老师休息；每年组织教职工定期体检，增加体检项目；凡是上级允许的教职工保险，学校均按时投保；改造教师餐厅，保证饭菜质量；改善教师办公室、工作场所条件，让教师舒心地工作；建设教师书画室和读书室；购置教师跑步机、按摩椅、理疗仪器等；成立教师各种文体社团，积极开展各种文娱活动。在学校，教师的反馈渠道很畅通，无论是工作上，还是生活上，教师们有什么需求都可以提出

来，学校经过讨论，只要是合理可行的，都会尽量满足。老师们在学校工作感到很舒心，很有归属感。这种归属感，必将使教师的教育追求与学校办学目标和育人目标实现高度统一，使教师的教育智慧得以充分发挥。

第三节　建设阳光团队，实现心理和谐

我们一直信守这样一句话：没有完美的个人，只有完美的团队。打造一支乐业敬业、锐意进取、尊重学生、负有责任的阳光教师团队是我们不懈追求的目标。我们的团队原则是：团队－1=0；让心自由，让行规范；让你的同伴成功，相互成为阳光。工作思路是：坚持以向阳文化理念为指导，以学生发展需求为导航，以解决问题为重点，以课题研究为载体，以校本研究为主要形式，以阳光评价为保障，充分发挥每个教师的优势，引领教师健康发展。在团队中我们注重发挥每个人的优势，鼓励大家畅所欲言，鼓励大家相互关心、相互支持。"把自己的事当事，把别人的事当自己的事"，鼓励团队进步，实现心理和谐。

【案例】

教研组是学校最基层的团队单位，也是学校教育教学工作的具体实施者。教研组的运行效果直接关系到学校教育教学的质量，也直接影响到教师队伍的整体发展。

我校共有十七个教研组，其中语文、数学教研组各六个，美术、英语、体育、音乐及其他科任教研组各一个。我们通过观察、座谈、问卷，对"教研组共进"的情况进行了比较深入的了解，各教研组成员之间比较团结，基本能按照学校要求组织教育教学等活动。同时，我们也发现一些问题：（1）随着学校办学规模的扩大，我校近三年新参加工作的教师也不断增多，共有 25 名新人加入到教师队伍中。随着新教师增多，教研组内教师之间的经验、教育教学水平明显参差不齐。（2）有的教研组内组员之间沟通较少，大家基本是"各干各的"，共进意识薄弱。（3）部分教研组长安排工作有困难，教研组长很难行使权力。（4）部分教研组集体备课及专题研究实效性低。

分析以上问题的主要成因有两点：（1）学校对教研组长的指导欠缺针对性；（2）教研组内成员之间共进意识不强，共进力低。基于上述情况，我们开展了"教研组共进"的研究与实践，这种研究性的实践有助于教研组成员以老带新、

以先带后，促进每个成员的共同成长。

（一）座谈、问卷调查——了解对"教研组共进"的需求

组织教研组长座谈，围绕"教研组共进"话题畅所欲言，了解教研组长工作的现状、教研组成员之间共进的情况、对教研组共进的需求。

所有教研组长达成共识，教研组的共进应体现在以下方面：

1.情感共融、协作互助、共荣共进

（1）以相互信任为基础，情感交流为纽带，营造和谐舒适的团队氛围，实现成员情感的共融。

（2）每个人都能认真、负责地做好自己的本职工作。

（3）无论是组内、校内的各项工作任务，都能全员参与，积极主动，尽心尽力，不推诿，不依赖，协作互助。

（4）有问题大家一起解决，同甘共苦，共荣共进。

（5）实现资源共享，使资源得到最大程度的利用。

2.扎实研讨、有效指导、按时保质

（1）组内每个成员教育、教学任务的完成度较高。

（2）做到教研活动四落实：时间、地点、人物、内容。教研组每个成员的备课、说课、上课等教学环节要落实教研活动的成果。

（3）实现对组内青年教师的重点帮助与指导：班级管理、教学常规、钻研教材、练习设计等，不能有青年教师掉队。

3.积极进取、勇于创新、不断探索

（1）通过学习、交流，教研组成员教学基本功扎实，专业技术水平不断提高。

（2）组内成员积极参与校内外的各种竞赛活动：教学设计、说课、论文、案例、反思等，为学校、教研组争光。

（3）积极参与课题研究，教研组有共同研究的主题，主题来源于组内教师的共同问题。

（二）制定教研组共进方案

1.学校根据各教研组长的座谈、问卷情况，将情况汇总，制定"教研组共进方案"。

2.教研组对照学校"共进方案"总结本组共进方面的优势，分析共进方面的问题及成因，制定本组"共进方案"。

例如，美术教研组的共进方案。

"向阳文化"引领生命起航

（　美术　）教研组共进方案

组长：梁文山　　组员：殷艳红、高腾腾、赵迪

共进情况分析

共进优势：组内成员是老中青结合，有着丰富的教学经验。对教学中的问题经讨论后能够统一意见，不偏执，不推诿，都有一种认真严谨的工作态度。老教师不藏不掖，年轻教师虚心学习。教研组已基本形成了核心与合力，组内分工明确，合作意识极强，一切工作均与学校发展方向相一致，从而提升单位时间的工作效率，不做无用功。

共进问题及原因分析：

对于组内的年轻教师重视有余指导不足，高腾腾、赵迪两位年轻老师的优势还没能在组内充分发挥出来。主要原因是老教师的视野不够宽，技法上指导较多，细节上的指导不足，如语言的过渡等。

共进措施或者共进公约

（要求：针对"问题及成因"制定措施，具体、有针对性、可操作。）

一、常规工作记心间

（一）认真备课，认真上课。认真进行复备课，及时写出课后小记。

（二）认真、及时填写学生的评价手册。

（三）加强对学生的学习习惯，如带学习用具的培养。

（四）加强资料保留，注重练笔，写随笔和读书笔记。

二、教学工作不松懈

（一）多听组内常态课，尤其是单元起始课。

（二）组内多磨课，细到每句话怎么说才能激发学生兴趣。

（三）加强对新课标的学习，熟练掌握各年级段的要求。

（四）加强基本功训练，熟练使用各种媒材。

（五）积极参加评优课。

三、学校活动齐响应

（一）认真对待学校临时交给的各项任务。

（二）协助其他组搞好学校的每一项活动。

第二章　阳光教师——放飞孩子心灵的智者

（三）积极主动献计献策，当好主人翁。

四、互帮互助不分开

（一）主动帮助他人，"把自己的事当事，把别人的事当成自己的事"，相互成为阳光。

（二）平时多交流，多站在对方角度思考问题。

（三）教研组实施共进方案

实施过程中通过听课、参加教研组教研活动、座谈、访谈等随时了解实施情况，并适时组织教研组长交流。

实施过程中要求：

1. 统一思想、达成共识、团结一致

（1）加强情感交流，达成共识，树立"共荣共进"意识。

（2）找到共同的成长点，团结一致，共同进步。

（3）组长要不计个人得失带动组员，有困难自己想办法，见利益多想着别人，多换位思考问题。

（4）加强分工合作，每个组员不能说"我不懂""我不会"退出局外，"能者多劳、不会不干"的局面要杜绝。

2. 营造氛围、主动交流、乐于分享

（1）组长以身作则，主动交流，及时了解组员的困难或需要，让交流更有针对性；组员发现问题及时找组长或者其他组员交流，主动寻求帮助与指导。

（2）组内增强沟通交流，不论时间有多紧，或者不在同一个办公室，也要多利用"学校交流网"、教研时间等及时交流。交流时注意讲话方式，给予对方阳光，使每个人心情愉悦，在交流中提高每个人的责任感和认同感。杜绝有事不沟通而产生误会。

（3）要懂得分享，各自发挥自己的所长为教研组、学校作贡献。

（4）组员之间相互鼓励，诚恳地提出建设性意见。

3. 分工明确、各司其职、协作共进

（1）需要组员共同完成的工作，组长分工要明确，共同探讨。只要是组内、校内的事情，每个成员必须有自己的想法。不能以组长一个人的思考代替团队的智慧，不能说"组长你说怎么办就怎么办""我没有想法"的套话。

（2）扎实开展教研组的研讨活动，努力提高教学质量：组织好学期初的学习（课标、课标解读、假期进修）；组织好每一单元的集体备课，保证每个组员准确把握单元重点内容；教研组的专题研讨。

（3）常听组内课，取长补短，积累经验。对于新教师加强新授课的引路及学生教育方法的传授。

（4）组长负责，组员互相提醒按时高质量完成教育、教学工作。

4. 完善制度、落实反馈、加强评价

（1）完善学校的教研组活动制度及教研组长职责，根据学校的教研组活动制度，结合教研组实际制定本组制度或公约。

（2）组长要结合教研组工作提出恰当的工作要求和建议，并且有落实和反馈。

（3）学期末评选"阳光共进教研组"，即"优秀教研组"，充分调动组员的积极性，开展奖励活动。

（四）效果指标（要可测量，对应存在的问题）

如何评价教研组的共进？效果评价是研究的保障。在教师们建议的基础上，将评价细化，具有可操作性。具体评价内容如下：

1. 关系融洽、乐观工作、恪尽职守

（1）全组上下关系融洽、团结协作、乐观向上，研究气息浓郁。

（2）教研组成员的工作热情高，对于学校、组内，甚至上级组织的活动都热情地工作，无怨言。

（3）每个成员严格遵守师德规范，杜绝体罚及变相体罚事件，严格遵守学校提出的"赢得学生、家长、社区满意四不准"：不准体罚、变相体罚学生；不准收受家长的任何财和物；不准因学生问题训斥家长；不准为本校学生做有偿家教。

2. 分工合作、互为阳光、组荣我荣

（1）遇大事件（学校活动、校外活动），教研组共进力突显成效。

（2）组内的每项活动中，每个成员都有分工合作。严格遵守团队原则：团队－1=0；让你的同伴成功，相互成为阳光；让行规范，让心自由。

（3）与其他教研组的合作意识强。

3. 自我对比、显见成效、共同进步

（1）教育教学各项工作按时、圆满完成。

（2）组内成员所教学生在各方面均有不同程度的进步，受到同伴的认可，家长的好评。

（3）组内成员在自身基础上都有提高。每个成员的班级管理、备课、教学设计、教学、讲课、基本功、成果等要进行前后对比。重点考察组中新教师或青年教师的提高情况。

（4）教研组教科研成果显著：参加校内、校外的教育教学研讨、竞赛等影响大，获奖率高，获奖层次高。

（五）研究效果及反思

通过教研组共进的研究与实践，我们感受到了教师及教研组的可喜变化，教师的个体行为逐渐转化为群体行为，教师们携手共进的情景让我们感动。研究效果主要体现在以下几个方面：

一是，所有教研组成员之间团结协作、关系融洽、工作热情高，教研组的事情成了每一个成员自己的事情，对学校的事情，组内每个成员都积极献计献策、主动参与。

二是，每个教研组都实现了明确的分工合作，每个成员能以团队原则严格要求自己的行为，成为同伴的阳光。

三是，每位教师都能在团队共进的动力下按时圆满完成自己的工作，多数成员在自身基础上都有提高。部分教研组的青年教师提高显著。

四是，通过教研组共进的研究与实践，学生在各个方面有了可喜的变化，师生关系更融洽了，家长对学校、教师的满意度持续保持较高水平。

另外，在研究与实践的过程中，学校的管理者也深深地感悟到：学校的教师始终是学校管理的主体，是学校发展的最大资源。

反思：

回顾此研究与实践的过程，我们也在思考今后的教研组发展方向：如何在共进的基础上引导教师实现研究成果的共享，以课题研究促进教研组建设的不断深入，实现科研型教研组的发展目标。

第四节 整合成功经验，实现品格和谐

在管理中，我们注重引领教师将他人的成功经验和自己的优势、经验整合成一种新思考，形成新的工作行为，从而实现教师品格的和谐。首先，我们努力帮助每一位教师挖掘自身的优势，帮其搭台，促其成长，并帮其梳理成功的经验，使其树立信心。与此同时引领教师将他人的成功经验与自身的经验不断进行整合，形成对工作的新的思考，并产生新的工作行为。

【案例】

刘顺荣老师是我校的美术老师，早在二十世纪八十年代中期，几幅漂亮的剪纸作品激发了刘顺荣老师探索剪纸艺术的热情。此时的刘老师对剪纸技能技法一无所知，当刘老师向学校提出想成立剪纸兴趣小组时，学校领导非常支持，尽管当时学校经费非常困难，学校还是为兴趣小组准备了红纸、剪刀。有了学校的支持，再加上兴趣小组的初步成果在学校橱窗的展示（尽管此时孩子们的作品很稚嫩），更加激发了刘老师的探索热情，喜欢剪纸艺术的学生也越来越多。为了满足学生的需求，充分发挥剪纸艺术的教育作用，发挥民族文化对学生的教育功能，学校于二十世纪九十年代初决定将剪纸艺术引入美术课堂，作为美术教学的有益补充。学校的这一举措，给予了刘老师极大的鼓舞，在这一时期剪纸五步教学法逐步成熟，至此，刘老师从一个对剪纸的爱好者变成了有剪纸业务专长的教师。

随着三级课程的实施，2000年学校将剪纸艺术开发为学校的第一门校本课程。剪纸校本课程的开发，使仅仅停留在技能技法学习的剪纸教学得到了进一步的提升。学校和刘老师一起研究制定了切实可行的剪纸课程实施方案，从知识与技能，过程与方法，情感、态度、价值观三个维度提出了明确的课程目标。

从兴趣组，到课堂教学的引入，再到校本课程的开发，学校的剪纸教学经历了三个阶段，在其中，学生、教师、学校实现了共同发展。

2004年，原新发地小学和陈留小学合并，刘顺荣老师也从一个办学条件很困难的六个班的农村小学校步入了办学条件相对较好，办学规模相对扩大的现代化学校，整个教师团队扩大了，刘老师的美术教师团队也从过去的她一人变成了四人。为了发挥刘老师的引领作用，也为了学校继续深入研究和开展剪

纸教育，我们推举刘老师做教研组长，并带徒弟。学校不仅要求美术教研组的老师都要与刘老师一起潜心研究剪纸教育，而且鼓励其他学科的教师积极参与。支持教师外出学习，派老师们到广东、山东、河北、成都等百年优秀学校学习，开阔视野，激发工作热情。鼓励教师参加各种艺术展览（校长亲自陪刘老师观看有其作品参加展览的美术艺术作品展，并与其一起探讨剪纸教育、构思剪纸作品）和评比。与此同时，学校每年都要组织班级的"巧手比赛"，校级的学期学生剪纸成果展。"剪纸炫经典、潜心悟国学"主题活动是学校将剪纸教育与民族文化教育结合、美术教学与语文教学相结合为师生们搭建的又一展示自己的舞台，让孩子们学习剪纸、诵读经典。在这样的活动中，技能的学习仅仅是其中的一个方面，我们的目的是希望孩子们在实践中探索、发现、继承和发展他们自身已有的民族文化性特征，从而实现我校提出的认识自己、了解自己、悦纳自己的育人目标。对于师生们的优秀剪纸作品，学校不惜投入经费为这些作品镶制精美的相框，百幅精美的作品曾在世界花卉大观园的灯会上进行"小学生剪纸迎奥运"主题展览，引得所有观看者啧啧称赞，此时师生们成功的喜悦是无以言表的。我们不仅重视发挥刘老师在学校的引领作用，还鼓励刘老师走进其他兄弟学校，宣传她的教学研究成果，特别是她那种敬业精神，发挥其辐射作用。此外，有到我校来参观、考察的代表团，我们都会展示师生们的优秀作品，并创造机会请刘老师做成果汇报，同时虚心接受来访专家和老师的建议，使之作为我们工作的生长点。

刘顺荣老师在剪纸教学中探索了二十多年，积累了丰富的剪纸教育经验，取得了显著的成绩，得到了家长、师生及社会各界的好评，所教学生的作品在全国、市、区多次获奖，不少学生的作品刊登在各大报刊上，并与国外小朋友进行文化交流。如何使这样的教师进一步发展，形成自己的教学风格，如何将其宝贵经验传承下来，是我们学校管理者特别是校长需要重点思考的。2009年，我们在教科所老所长张文清的帮助下，帮她对其宝贵经验进行梳理和提升，通过挖掘将剪纸艺术提升为剪纸教育，将其一生的宝贵经验编辑成《剪艺召童心》，由光明日报出版社正式出版。与此同时，丰台区教育分院为刘顺荣老师召开校本课程研讨会，这也是丰台区首次为教师个人召开研讨会。

至此，刘顺荣老师已成为丰台区的一名特色教师。我们向其他教师推介她的经验：第一，乐业敬业，热爱学生；第二，善于总结，不断创新；第三，不

追大而全，求精求特；第四，坚持不懈，持之以恒。我们在校本课程开发中引领教师们将刘老师的成功经验，与自身优势进行整合形成一种新的工作思考：依据刘老师成功的经验，我们帮助每位教师挖掘自己的优势，选好个人的特色发展点，持之以恒地钻研下去。例如，梁文山老师非常喜欢国画和书法，而且功底也很好，我们就根据他的意愿将他从语文、数学教学工作岗位调到美术工作岗位，开发了书法校本课程。梁军、贾瑞丽老师酷爱舞蹈，我们同样根据其意愿将她们调到了形体教学岗位，开设了形体校本课程。魏新、黄雅新老师善于手工制作，我们就鼓励他们开发了十字绣、衍纸校本课程。同样我们还开发了空竹运动、小篮球、小足球等 21 门精品校本课程。这些校本课程老师在各自的岗位上发挥着自己的优势特长，不仅实现了他们个人的专业发展，而且还实现了学生的个性发展和全面发展，实现了学校的特色发展。

第三章

Chapter 3

向阳课程

——孩子成长的载体

第一节 "向阳文化"引领下的育人目标

新发地小学始建于 1950 年，原为一所普通的农村小学，现为天伦锦城小区配套学校，新校址建成于 2004 年 8 月。新发地小学在这半个多世纪中，历经风雨沧桑，是新中国巨变的见证者，也是新北京农村教育发展的缩影。她从瓦房泥地的小规模农村学校，发展成为现代化社区提供优质教育服务的现代化小学。作为新小人，我们心里有自豪，有欣慰，也有紧迫感。自豪的是，从条件有限的农村小学发展起来的新小，如今能够满足新时期北京农村城镇化过程中特殊的教育需求，并得到了家长社会的广泛认可，这是一件不容易的事；欣慰的是，我们未辜负新小老一辈教育人的期望，他们对教育阵地的执着和坚守为新小发展打下了很坚实的基础；紧迫感在于，新小面对的是在农村城镇化进程中所呈现出的前所未有的新问题，以后的路如何走，既要继承新小近 60 年历史厚重的育人传统，又要紧跟时代，厚积薄发，为中国现代化教育发展倾尽绵薄之力。但时代发展越是仓促紧迫，教育就越要稳抓住人发展的根——文化。

学生发展文化，是学校文化建设的出发点和归宿。学校是教书育人的场所，是教育实践的阵地。其魅力在于透过学校的一景一物，学校人物的一言一行，教育行为的一张一弛，课堂学习的一教一学，所传达出来的厚重的文化传统和独特的人文气质。文化是一所学校独特的灵魂，是滋养学校桃李的根，是不管在哪里都能识别的新小人的印记。育人先育根，文化育人是"润物细无声"诗意的物化过程。

早在 2008 年，我校就提出了"阳光教育"的办学理念。2008 年我们明确了以文化引领学校发展的工作思路，围绕着学校象征性标志物"向阳花"，提出了"阳光教育，育阳光少年"的文化理念。

2009 年 9 月，在区教委的关怀下，北师大专家指导团走进我校，他们通过对各类人员的访谈、座谈、实地观察、查阅资料，对学校各个方面的工作进行了深度会诊，形成了近两万字的学校文化诊断报告。鉴于我校独特的地理位置和生源环境，我们在认真分析专家建议的基础上，进一步明确了目前的根本任务：结合城市化进程中农村人口流动和城镇化的时代背景，满足"离开乡土"的新一代儿童的成长需求，帮助"新城市"家庭完善家庭教育，尽早完成家庭文化与社会文化发展的衔接和过渡，培养适应社会发展、积极进取、悦纳自我的时代公民。基于这样的教育任务，我们在专家的指导下，最终将"阳光教育"提升为"向阳文化"。"向阳文化"以"阳光教育"为核心，但不拘泥于"阳光教育"。"阳光教育"是一个名词性语词。而"向阳文化"运用了一种动态性的表述方式，强调教育活动中学生发展的动态性，以学生发展需要为中心，激发师生探索未知的精神，引导学校中的每一个人都能像向阳花追逐阳光尽力生长一样，追求高尚的品质、探索知识和发现自我。《论语》上讲：对于内心的信仰和追求，我们要 "造次必于是，颠沛必于是"。选取以向阳花对阳光不懈追求为核心的向阳文化也是基于这样的一种对新小人的期望：不管是匆促急遽之时，或者是颠仆困顿之时，不管是在学校还是离开学校，把握住信仰，把握住自我，就把握住了未来。一息尚存，就要努力向上生长。

学校文化体系逐渐明确的过程是学校成员及相关者协同合作，由表及里，去伪存真，去芜取精，达成共识的过程。其间，我们先后三次向教师发放学校建设愿景问卷 100 多份，组织召开教师、干部、学生、家长、社区人员、北师大专家等各类座谈会 6 次。在这样的工作过程中，旨在促进学生发展的"向阳文化"体系逐步完善。

"向阳文化"的叙述方式贴近我校学生的心灵和成长现状。我们学校有 80% 的学生为外地务工农民子女，他们来自我国十来个民族，二十多个省、市、自治区。即使是当地学生，也都是周边农民的孩子，也都面临着在巨变的环境中如何自我定位和自我认同的问题。这些孩子善良淳朴、乐观顽强，自我发展的愿望很强烈。但是在日益复杂的大环境里，他们容易迷失自己。有些家长因忙于生计常常疏忽了对孩子的教育，使得一些孩子缺乏良好的学习、生活习惯，一些孩子性格急躁、偏激，或自卑胆小。"向阳文化"使孩子们在平等全纳的教育中，人人都成为他人的阳光。它是我校"向上追逐阳光，向下发现自我"

的教育理念的立体诠释。探索自然和发现自我一直是人类发展的动力和生存的任务，这种探索与求知的精神凝练成为"认识你自己"和"知识就是力量"这两句指导人类文明史的箴言。我校以学生探索未知客观世界和体验自我生活世界为教育鹄的，以此诠释学校文化标志物向阳花的"追逐阳光生长，成熟则垂首大地"的乐观顽强、悦纳自我的固有品质。我们把新小的孩子喻为向阳花，作为学校"向阳文化"的核心，鼓励他们志存高远，积极进取，充满自信，把握自我，在与他人的合作中奋力生长。我们希望新发地小学的"向阳文化"能像一股不断流淌的甘泉，流入孩子们的心灵，滋润他们的心田，永不干枯，充满希望。最终我们把"培养志存高远、脚踏实地、合作共进、悦纳自我的可持续发展的阳光少年"确立为我校在"向阳文化"引领下的育人目标。这一育人目标不仅符合国家教育纲要的要求，还顺应了时代对人才发展的需要，更是基于我们对学生现状，对学校历史、现状与发展的思考。

第二节　"向阳文化"引领下的课程体系

教育的宗旨是服务，服务的主要对象就是学生。教育是通过课程促进学生发展，并使其更为幸福的一种特殊的精神性服务。因此，课程是实现我们提出的育人目标的重要保障。基于这种认识，我们不仅要重视国家课程的落实，为了满足每一个学生的需求，还要重视地方课程、校本课程的开发。三级课程的整体推进必将给学校的特色发展、教师的专业发展、每个学生个性的发展提供新的舞台。我们从生命全程需要的角度出发，以《基础教育课程改革纲要（试行）》为依据，紧紧围绕学校"向阳文化"下的育人目标，确定了学校课程的指导思想和设计思路。

指导思想：满足每个学生的发展需求，培养志存高远、脚踏实地、合作共进、悦纳自我的可持续发展的阳光少年。

设计思路：围绕"向阳文化"引领下的育人目标整体打造适合学生发展的三个层级的目标体系和课程体系。以学生需求为核心，挖掘优势课程资源，促进师生共同成长。

一、"向阳文化"引领下的三级课程关系

我校三级课程关系形如葵花图，犹如我校的标志物向阳花。寓意着我们的

课程将把新小的孩子们培养成为具有向阳花"生长逐阳，熟垂大地"般品质的、志存高远、脚踏实地、合作共进、乐观顽强、悦纳自我的可持续发展的阳光少年。

新发地小学三级课程葵花图

　　"向阳文化"引领下的育人目标实现的主要途径和载体是课程，在三级课程中，国家课程处于我校三级课程葵花图的中心位置（花心），是我校向阳文化课程中的主体部分。它涵盖学科课程和综合实践课程，是学生幸福成长和全面发展的根本保障。近年来，我们在开足、开齐国家课程的基础上，不断进行课堂教学改革的实验研究，努力追求国家课程的品质与实效，形成了向阳文化引领下的新小阳光课堂文化评价标准。变教为学、拓展阅读等教学方式的实践，激发了学生学习的兴趣，促进了学生可持续发展。地方课程和校本课程处于我校三级课程葵花图的四周（花瓣），它们是国家课程的补充和拓展。地方课程突出区域特色，引领学生学习区域文化，关注社会、环境和安全；校本课程照顾了学生的差异，满足了学生多样化的需求，引领教师开发适合本校及学生实际情况的校本教材。地方课程与校本课程之间也存在着相辅相成的关系，地方课程和校本课程不仅是国家课程的有力支撑，更是学生安身立命和个性发展的根基。随着课程改革的不断深入，三级课程间将不断融合，课程间的整合势在必行，这样不仅避免了课时及人力物力等资源的浪费，更有助于学生的发展，更有助于知识体系在学生头脑中的建构。新发地小学三级课程葵花图，喻示着新小似默默奉献的绿叶，要把学生们培养成一朵朵美丽绽放的向阳花。

二、"向阳文化"引领下的课程体系

（一）"向阳文化"引领下的目标体系

确立了学校三级课程的关系后，我们进一步挖掘了学校育人目标的内涵，理清了育人目标体系，为践行课程服务于育人目标的设计思路提供了保障，为我校向阳文化课程体系的搭建提供了依据，为向阳文化课程的深入发展提供了明确的方向。

"向阳文化"引领下的目标体系

办学特色	育人目标	五大素养	内涵
向阳文化	培养志存高远、脚踏实地、合作共进、悦纳自我的可持续发展的阳光少年	人文素养	热爱生命、胸怀大志、认识自我、心灵美好
		健康素养	热爱运动、体魄强健、乐观通达、兴趣广泛
		科学素养	热爱科学、勇于创新、善于思考、自主探究
		社会素养	热爱生活、脚踏实地、乐于合作、团结友善
		艺术素养	热爱艺术、陶冶情操、情趣高雅、学会审美

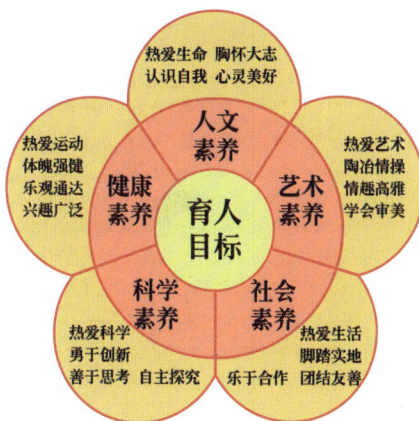

目标体系葵花图

（二）"向阳文化"引领下的课程体系

我校在"向阳文化"的框架下制定了学生的培养目标，并构建了实现这一目标的课程体系。课程体系的完善，使育人目标的落实有了抓手和保证。

育人目标引领下的向阳课程体系

	育人目标（阳光少年)				
	人文素养	科学素养	艺术素养	社会素养	健康素养
基础课程	《语文》《英语》	《科学》《数学》《信息技术》《综合实践》	《音乐》《美术》《书法》	《品德与社会》《品德与生活》《劳动技术》	《体育与健康》

拓展类课程	必修	《国学》《传统文化》《常规教育》《校园文明礼仪》《上学了！》《别了，母校！》《陪伴成长》《愉快的假期》德育活动课程（少先队活动课程）	《环境保护》《种植体验活动》	《小小歌唱家》《形体》《剪纸》《绘画小能手》《小小书法家》	《中小学专题教育》《我爱丰台》《学习雷锋好榜样》《自救自护》《安全》《我是阳光少年》《新小历程》《走进博物馆》《走进大自然》《走进拓展基地》《走进社区》	《心灵港湾》《足球小健将》《空竹》《田径》
	选修	《个人礼仪》《品经典悟人生》《小小口才家》《故事诵读》《汉字成语》《绘本阅读》《魅力英语》	《神奇魔方》《电脑设计》《数学思维训练》《棋道》《四巧板》《飞行棋》《创意搭建》《你画我猜》《废品大变脸》	《小小演奏家》《拉丁舞》《民族舞》《音乐赏析》《竖笛》《美丽丝带绣》《神奇衍纸》《爵士舞》《超轻黏土捏世界》《手工编织》《京剧》《硬笔书法》	《交际礼仪》《中华美德故事》《闲暇生活》《地域文化》《DIY 手工制作》《多彩手抄报》《旅游景点介绍》《时装设计》《折纸》	《沙盘游戏》《小篮球》《健美操》《跆拳道》
特色发展类课程		《我是阳光少年》《剪纸》《空竹》《陪伴成长》《走进新发地批发市场》				

我们根据育人目标的五大素养，把三级课程分为了基础、拓展、特色发展三类课程，其中拓展类课程还分选修和必修两类。其实，任何一门课程对学生素养的培养都不是单一的，这样的划分使每门课程的教育教学目标都有所侧重，目的性、针对性更强。

《我是阳光少年》　《走进新发地批发市场》

个人礼仪》《品经典悟人生》
《小小口才家》《故事诵读》
《汉字成语》《绘本阅读》
《国学》《魅力英语》
《常规教育》《传统文化》
《上学了！》《校园文明礼仪》《陪伴成长》
《别了，母校！》德育活动课程
愉快的假期》

《数学思维训练》《神奇魔方》
《创意搭建》《棋道》
《你画我猜》《电脑设计》
《四巧板》《飞行棋》
《环境保护》《废品大变脸》
《种植体验活动》

人文素养
《语文》《英语》

科学素养
《信息技术》《科学》
《数学》《综合实践》

阳光少年

健康素养
《体育与健康》

艺术素养

社会素养

《品德与社会》《品德与生活》
《劳动技术》

《小篮球》
《跆拳道》
《健美操》
《足球小健将》《田径》
《空竹》《心灵港湾》
沙盘游戏》

《剪纸》

《中小学专题教育》《我爱丰台》
《学习雷锋好榜样》《自救自护》《安全》
《我是阳光少年》《新小历程》
《走进博物馆》《走进大自然》
《走进拓展基地》《走进社区》

《交际礼仪》《中华美德故事》《闲暇生活》
《地域文化》《DIY 手工制作》《多彩手抄报》
《旅游景点介绍》《时装设计》《折纸》

《空竹》

■ 基础课程
■ 拓展类课程
■ 特色发展类课程

育人目标引领下的向阳课程体系

三、"向阳文化"引领下的课程体系研究的步骤及实施策略

（一）第一阶段：准备阶段——调研启动、形成方案、组建队伍、明确任务

1. 阶段目标

（1）依据学校办学宗旨、育人目标，确定课程总体目标。

（2）根据学校原有课程的基础，探索有效的课程组织形式、活动内容、管理特点、考核评价等，重构新小课程总体框架。

（3）制定课程开发的指导性文件。

2. 实施步骤

（1）建立机构。学校成立由学校领导、教师、家长和社区代表组成的领导小组负责课程的开发、组织、管理和实施，定期总结、交流课程的进展情况，完成资料的积累工作。

课程领导小组：

组长：徐学敏

副组长：李晓燕、胡燕春、陈洪丽

成员：张淑红、杨利、李辉 各组组长

课程开发小组：

组长：各组组长

组员：任课教师、家长代表

（2）需要评估。采用问卷调查，邀请专家、教师、学生和社区有关人士座谈等方式，对学生的需求、兴趣、我校和社区的教育资源、办学特色、办学宗旨、育人目标、课程的总体框架等进行调查分析，确立课程目标和总体框架。

（3）明确课程开发的需要评估、总体目标等，并据此对教师进行培训。

（4）制定《课程实施方案》。

（5）校本课程的申报与评审。教师自主申报校本课程，撰写申报表，编写《课程纲要》，学校对申报的课程进行评审并提出评价意见。

（6）制定《学生必修、选修课程目录与课程介绍》。包括课时、内容、任课教师、上课地点，供学生选择，确定各课程参与学生名单，每学期调整一次。

（二）第二阶段：实施阶段——驻足课堂、践行改革、探究摸索

1. 阶段目标

（1）丰富课程资源，完善课程体系，规范课程的开发与实施，推动课程特色化、本土化。

（2）为学生的特色发展和个性张扬构筑广阔平台。使学生形成自主意识、团队精神和自主学习、协作学习等能力。激发学生的学习兴趣，使他们具有健康的人格特点，让学生学会对自然、社会和他人的关爱，形成对自我和社会的责任感及审美、吃苦耐劳、乐观自信、勇于探究、大胆创新等良好的个性品质。

（3）教师形成新课程理念下的课程观、教育观、教学观、人才观，拓展学科知识，掌握新的教学方法，进一步完善校本课程的知识结构，逐步形成一支专业化的独具特色的师资队伍。

2.实施步骤

（1）实践任务

依据新的课程标准，结合我校课改工作，聚焦课堂，开展学习新课标、研究教材、创新学习方式改革实验。探索适应我校教育理念的课堂学习模式；发挥教师的主观能动性，优化课堂教学结构，找到适合本班级、本学科的有效课堂学习方式。完善"向阳文化"课程体系，探索出符合社会需要和孩子成长需求、具有向阳文化特色的基础教育课程实践模式，为让每一个学生都得到应有的发展，积极开展有益的探索实践。

（2）驻足课堂，践行改革

1）课前：自主备课，明确学科特点，建构和整理学科单元学习方式。做到五明确：心中目标明确、学情与知识链点明确、知识技能增长点明确、导扶方法与对象明确、激趣促评的方法明确。

2）课中：在"向阳文化"的引领下，加强阳光课堂文化的探索与实践，进一步完善新发地小学阳光课堂师生行为准则，从"尊重、信任、鼓励"三个方面评价教师课堂上的状况，从"尊重、自信、合作"三个方面评价学生课堂上的表现，课上教师要把得准、导得巧、练得精，学生会表达、会合作、会质疑。要处理好三个关系：一是处理好教师指导与学生自主学习的时间关系；二是处理好群体指导与优秀生指导的关系；三是处理好小组汇报与生生交流的关系。我们出台了阳光课堂师生行为细则，使向阳文化的理念真正落实到日常的工作中。积极营造阳光、自主、互动的教学氛围，促进学生的自主发展。

3）课后：坚持自我反思、合作议课、团队研课三级教学研讨模式，提高

课堂实效。

由"教"的课堂向"学"的课堂转变，初步探索"变教为学"课堂有效教学模式，以及不同课型、不同学科学习模式。

（3）探究摸索，创新学习方式

我校在三级课程的实施中，紧紧抓住课堂这一主渠道，统一管理，把课程建设落位于课堂学习中，教学模式都以"变教为学"的教学模式为宗旨。这是学生学习方式的一种变革，学生学习的主动性得到激发，学习能力得到提高，对知识的认同感大大增强。在对生活实践的研究中不断有新发现，产生新的探究欲望，用所学知识解读身边的问题，获得从未有过的成就感。这样保证孩子真正参与实践体验，为满足不同需求的孩子们搭建不同程度、不同层次、不同类型的发展舞台，落实我们教育的新理念——"让阳光洒满每张笑脸，让阳光照亮每个角落"。

（4）完善"向阳文化"课程体系

1）规划完善了"向阳文化"课程体系

我校遵循国家课程标准、课程管理的相关制度，每学期初由学校根据上级教育主管部门的文件精神拟定校本课程计划执行方案、制定总课程表、班级课表和教师课程表，为学期开学工作做好充分准备。把向阳文化课程与国家课程、地方课程进行有效整合，使国家课程校本化、地方课程主题化、校本课程民主化。避免学科间内容的重复，整体推进三级课程的实施。如：地方课程教师兼任心灵港湾等校本课程，美术教师指导孩子用剪纸展现古诗的内容。

2）开发地域资源，依托新发地批发市场，促进校本特色课程的形成。我校临近新发地批发市场，具有得天独厚的实践优势。我们初步开发了《走进新发地批发市场》向阳教育综合实践课程，《走进新发地批发市场》成为我校的特色建设课程。

（三）第三阶段：归纳总结提升，形成经验成果，形成学校特色

（1）课题组成员集中研讨梳理，确立三级课程体系，确立本校特色的校本课程体系。

（2）请区级专家指导提升，形成据理皆佳的经验成果，梳理成为可持续发展的学校特色课程体系。

第三节 "向阳文化"引领下的校本课程

在"向阳文化"的引领下，我们努力打造具有本校特色的阳光校本课程体系。在校本课程的建设中，我们既考虑到它在整个学校课程中的地位和作用，又考虑到学校自身发展的目标定位；既扬国家课程之长，又补国家课程地域特色不足之短；既考虑到学生的承受能力，又注重学生综合素质的全面发展。加强以学校为基地的课程创新，校本课程的开发研究是完善国家、地方、校本三级课程体系建设的重要环节，是发掘学校深厚文化底蕴，充分利用学校教育资源、教育优势、教育传统的有效途径，是提高学生综合素质，培养全面发展人才的重要措施，也是强化我校"向阳文化"办学特色的重要内容。

一、"向阳文化"引领下的校本课程总体目标

1. 开发具有地域特色和学校特点的能促进学生阳光快乐成长的校本课程，形成必修与选修课共存的校本课程体系。

2. 利用一切可调动的资源，尽可能满足大多数学生的个性需求，开设能促进学生和谐、快乐、全面发展的多样化校本课程，让阳光洒满每张笑脸，让每个学生都日新日进。

3. 梳理提升现有阳光校本课程，推出三至四个品牌型的校本课程，使其成为学校特色精品课程，形成一支优秀的阳光校本课程教师队伍。

二、"向阳文化"引领下的校本课程教学目标

1. 知识与能力

每位学生都掌握三门以上的校本课程的基础知识和基本技能。培养学生解决问题的能力、动手操作的能力、空间想象的能力、创造思维的能力等。

2. 过程与方法

让课程走进学生的内心世界，拉近课程与学生的距离，在自主探究中，掌握各门校本课程的学习方法，形成丰富的认知感受。让学生在各方面都得到和谐、全面、可持续的发展。

3. 情感态度价值观

激发学生的学习兴趣，使他们具有健康的人格特点，让学生学会对自然、社会和他人的关爱，形成对自我和社会的责任感，以及合作、审美、积极进取、吃苦耐劳、乐观自信、勇于探究、大胆创新、持之以恒等良好的个性品质。

三、校本课程资源的挖掘

1. 人才资源

我校拥有一支非常优秀的教师队伍，多名教师潜心于自己的爱好和专长，如殷艳红老师酷爱民间剪纸艺术，利用课余时间潜心学习、实践，为了激发学生的学习兴趣，她不断创新自己的教学方式，开发了以红、黑、白、金、银等为主的套色剪纸；还有，抖空竹技巧高超的崔国军老师；衍纸制作精湛的黄雅新老师；善于开展合唱训练的田会连老师；原北京市女子足球队运动员赵颖老师；举重专业毕业的常保老师；舞蹈技艺精湛的贾瑞丽、赵晓蕾老师；跆拳道高手张蒙萌老师；擅长健美操的李学青老师……他们的爱好和专长深深吸引和影响着学生们。他们本身就是很好的课程资源。

2. 地域资源

我校毗邻北京市新发地批发市场。历经 20 年的建设和发展，新发地批发市场现已成为北京市交易规模最大的农产品专业批发市场，是名副其实的"大菜篮子""大果盘子"，在全国同类市场中也有很大的影响力。我校大部分家长在新发地批发市场做生意或从事管理工作。这些为我们走进新发地批发市场，感受新发地批发市场，研究新发地批发市场提供了便利条件。我们从孩子们生活的社区、熟悉的环境入手，利用新发地批发市场这一社区教育资源让孩子们进行研究性学习，且把研究的成果服务于社区，不仅能促进学生的发展，还使综合实践活动课程的内容更加规范化、系列化。选择这一优势地域教育资源，就是选择了世界农副产品这个大的资源。

3. 活动资源

在开发校本课程过程中，我们首先把传统的活动发扬光大、定型，使它们成为宝贵的校本课程的资源。比如，升旗活动、课外阅读活动、一日生活常规、笑脸评比活动、班级值周活动等。随着课程改革的深入，德育活动、少先队活动逐步实现了课程化。

四、"向阳文化"引领下的校本课程的立体建构

在校本课程的开发过程中,我们紧紧围绕"向阳文化"的育人目标努力构建立体的全方位的校本课程。我们结合学生的生活实际,从学校、家庭、社区三个方面,构建校本课程立体框架,实现教育无空白。

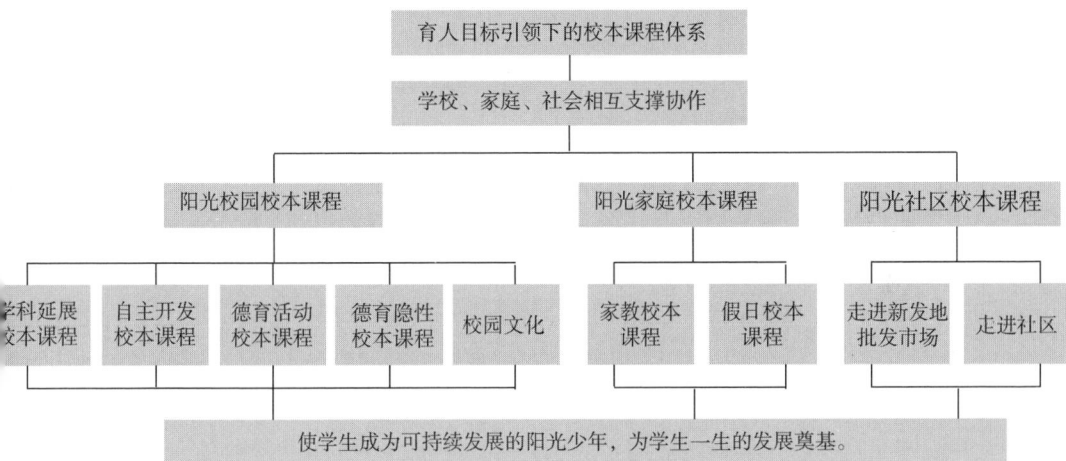

新发地小学向阳校本课程框架表

学校、家庭、社区是学生学习生活的场所,我们结合学生的生活环境开发校本课程,既有力于学校、家庭与社区间的沟通与合作,有利于学生的培养与发展,实现对学生全方位的教育,落实育人目标,为学生一生的发展奠基。

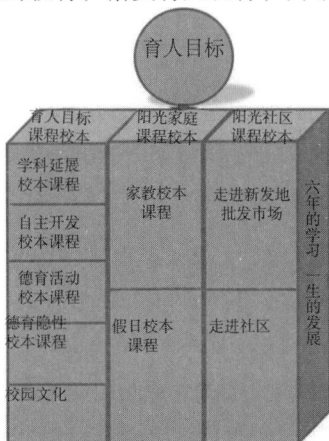

新发地小学向阳校本课程立体图

具体课程安排表

育人目标： 培养志存高远、脚踏实地、合作共进、悦纳自我的可持续发展的阳光少年。	阳光校园校本课程	学科延展	《剪纸》《空竹》《小小歌唱家》《形体》《绘画小能手》《小小书法家》……
		自主开发	《上学了！》《别了，母校！》……
		德育活动课程	《我是阳光少年》《走进博物馆》《走进拓展基地》……
		德育隐性课程	阳光少年、阳光教师、阳光家长……
		校园文化	向阳教育馆、向阳博物馆、艺术走廊、科技长廊、向阳书院……
	阳光家庭校本课程	家教校本课程	《陪伴成长》
		假日校本课程	《愉快的假期》
	阳光社区校本课程	走进新发地批发市场	《走进新发地批发市场》
		走进社区	《美丽家园》

　　校本课程的立体建构，将促进我校三级课程的整体推进，在新小孩子们的学习、生活会更加灿烂美好。

第四节　"向阳文化"引领下的特色发展课程

　　近年来，我校先后开发了70门校本课程，其中27门为必修课程，41门为选修课程。在这些课程中，"我是阳光少年"校本课程、"剪纸"校本课程、"空竹"校本课程、"陪伴成长"家教校本课程、"走进新发地批发市场"综合实践课程为我校的特色发展课程。近年来，随着课程改革的不断深入，我校

特色发展课程的教学内容也日趋完善，教学方法也多样化。

一、"我是阳光少年"校本课程

新课程改革进一步明确了课程与德育的关系，课改的学科课程标准，对学校的所有学科课程提出了"知识与技能、过程与方法、情感态度与价值观"三个维度的课程标准，明确将育德要求列为学校所有学科课程的基本目标和任务。可见，德育是学科课程本身的有机组成部分，是学科教育本身的需要。新课程改革中，三级课程的实施为学校的课程建设提供了广阔的空间。综合实践活动课的开设、校本课程的实施为德育活动课程化、德育特色项目课程化、少先队工作课程化、地区德育优势资源课程化提供了可能。

行为习惯养成教育，是培养一个健全人的最基本的要求。我校长期以来都把它作为学校德育工作的重要内容，作为德育的主旋律。

结合我校德育工作中的新情况、新问题，结合孩子的年龄特点及我校阳光少年日常行为规范评价标准，我们开发了德育校本课程——"我是阳光少年"校本课程。此课程共10课时，目前我们已完成了教材编辑工作。我们将利用少先队队课时间，落实教学内容。授课时间将与学校德育活动紧密结合。"笑脸评比""大手拉小手""好书伴我成长""心手相连""升旗育德"等自我教育主题系列活动的开展，不仅促进了"我是阳光少年"校本课程的实施，还使这一德育课程充满活力。学生们在学习中行动，在行动中成长。

"我是阳光少年"校本课程的开发促进了学生行为规范的内化，树立了新小学生的新形象，行为规范的种子播撒在每一个新小学子的心中。他们学会了感恩，学会了关爱，学会了担当……

二、"剪纸"校本课程

自二十世纪八十年代中期，我校就利用兴趣小组尝试着开展剪纸教学活动。2000年，剪纸课程被列为我校的校本课程，2014年成为丰台区的百门精品课程之一。

(一) 剪纸校本课程的探索与开发

剪纸校本课程给师生开创了一个丰富、新奇的学习世界，给教师的专业发展、学生的个性发展提供了广阔的舞台。多年来，教师们不断探索剪纸技法，拓展剪纸的教学内容，使得剪纸校本课程日趋完善。

1.探索简约的剪纸技法

（1）学习基本技法，尝试成功快乐

遵循美术教学的可行性原则，我们先从基本技法学起，循序渐进地进行教学。剪纸有它特殊的语言，如"月牙""锯齿"等。要把这些"语言"合理地填充到剪纸图样内，并剪刻出来，不是一件简单的事情。在教学实践活动中，老师们逐渐总结出了一套简单可行的五步教学法：

第一步：构思。即设计什么内容的剪纸。

第二步：画出主体纹样：动物或人物外形。

第三步：填充剪纸纹样，如"月牙""锯齿"等。

第四步：修改图样，比如哪里设计得有问题，纠正修改过来。

第五步：剪刻完成。

初学阶段，教师为了简化难点，边讲边示范。一种动物要板示两三种不同动态的造型，学生临摹外形后添画剪纸花纹。铅笔稿修改以后再剪刻。一幅作品学生两课时完成。一次教学活动下来，每个学生都能完成一幅小型剪纸。看到自己的剪纸作品诞生，学生们兴趣可高了，互相展示自己的学习成果。学会了剪纸基本的技能技巧后，学生参照自己搜集来的动物图片就可以创作简单的剪纸了。初步尝试自创剪纸作品的成功，更激发了他们继续学习剪纸的兴趣。

（2）掌握复杂技巧，体验成功快乐

在剪纸教学中，我们遵循由浅入深、由简到繁的教学原则，又开始了复合纹样剪纸的教学。什么是剪纸的复合纹样呢？就是在单独纹样的基础上增加花卉、文字等纹样陪衬造型。学生先学习小动物造型的单独纹样剪纸，再学习动

物与花卉、人物与花卉组合的复合纹样剪纸。

为了做好剪纸的教学工作，我们在"五步教学法"基础上进行研究、改进，形成了"剪纸复合纹样五步教学法"：

第一步：细致观察。

认真观察欣赏前人剪纸造型的特点、内容、表现手法。观察分析所要表现物象的特征。

第二步：整体构思。

怎样表现作品的内容，选择什么物象表现。如何构图，怎样表现。

第三步：设计主体纹样。

设计主体纹样的外轮廓，注意造型的充实饱满，物象间的组合，体现整体构思的和谐美。在设计好的物象轮廓内填充花纹，使剪纸充实，表现剪纸特点和剪纸艺术的美。

第四步：设计附加纹样。

设计附加纹样外形，要与主体纹样和谐统一。填充内部花纹。

第五步：修改剪刻。

修改补充设计中的问题和不足，剪刻时走刀要细致圆滑，设计纹样中相连部分不要刻断，完成剪刻。

学习复合纹样剪纸时，学生们能较好地把主体纹样与花卉的附加纹样连接起来。

为了激发学生的创作兴趣，提高学生剪纸创作水平，我们设立了剪纸作品成长记录袋。利用成长记录袋开展多元性评价，充分发挥学生学习的主体性，尤其是学习的内在动力。通过分析作品，发现优点与不足，提高课堂成效。

2. 梳理剪纸课程框架

为了实现学生及教师发展的目标，为了使剪纸教学系统化、规范化，我们对已有剪纸内容等进行精心梳理，形成了剪纸校本课程框架。

剪纸校本课程框架

项目年级	主题名称	活动内容	预期成果	评价形式
低年级	剪纸单独纹样	学习动物剪纸单独纹样的设计与剪刻	基本学会动物单独纹样的设计与剪刻	1.建立学生剪纸作品成长记录袋。通过收集、整理学生的相关作品，让每个学生都能找到自己成长的轨迹，反思成绩与不足。 2.以形成性、发展性评价为主，注重学生主体参与实践的过程及在这一过程中所表现出来的积极性、合作性、操作能力和创新意识。 3.评价应注意多样性和可选择性。不但教师、学生参与评价，家长也要参与评价。评价方式采用自评、生评和师评相结合的方式。
		学习花卉剪纸单独纹样的设计与剪刻	学会花卉剪纸的设计与剪刻	
		展示交流学生的剪纸作品	全体学生均有较成功的作品	
中年级	剪纸复合纹样	学习动物剪纸复合纹样的设计与剪刻	基本学会动物复合纹样的设计与剪刻	
		学习人物剪纸复合纹样的设计与剪刻	学会人物复合纹样的设计与剪刻	
		展示交流学生的剪纸作品	全体学生均有较成功的作品	
高年级	传统文化及现实生活题材剪纸	学习京剧脸谱的设计与剪刻	基本学会京剧脸谱的设计与剪刻方法	
		学习经典诗词剪纸的设计与剪刻	较好掌握经典诗词剪纸的设计与剪刻	
		把生活中的所见所闻设计成剪纸并进行剪刻	基本学会把生活中的所见所闻创作成剪纸作品（如：校园生活、校外生活、时事要事等）	
		展示交流学生的剪纸作品	全体学生均有较成功的作品	

「向阳文化」引领生命起航

课程框架的完善，使剪纸校本课程的日常教学工作有了抓手，有了依据，课程实施水平有了很大的提升。

3. 挖掘丰富的剪纸内容

我们不仅开发了剪纸校本课程的内容，还打造出了精品剪纸社团，学生们利用社团活动时间，立足于本校实际创作了很多题材新颖的剪纸作品，努力呈现出与众不同的校园文化特色。

（1）设计"民族文化剪纸"，继承传统。如生肖剪纸、京剧脸谱剪纸、五十六个民族剪纸、古诗词剪纸、空竹剪纸等。

（2）设计"活动剪纸"，寓教于乐。学生们的生活是丰富多彩的，学生们的剪纸内容也应是丰富而有创意的。因此，师生们积极开动脑筋，努力发现生活中的美，从自己的生活中寻找剪纸创作的题材，积极探索创新剪纸内容。如校园学习篇、体育锻炼篇、课余生活篇、环保意识篇、国家时事篇等。

学生们在生活中发现了美，在剪纸学习中创造了美。一幅幅不同内容的剪纸作品，从选材到构思再到创作，使学生们体验到了成功的快乐与自豪，更激发了学生再一次创作的欲望。

（二）剪纸课程实施的效果

1. 促进师生共同发展

教师在剪纸教学中，重视课程资源的开发，有机整合文化资源，从而优化剪纸的课堂教学，促进了师生的共同可持续发展。

（1）学生的发展

在剪纸学习中，我校学生创作了大量的精美剪纸。校园内，大家喜欢剪纸，人人都想剪刻出精美的剪纸。很多学生不但掌握了剪纸的技能技巧，创作水平也有了很大的提高。涌现出了许多剪纸技艺高超的学生。如五年级学生柳爱华在暑假中设计完成了一套精美的巨形十二生肖剪纸的创作。张凤花同学从二年级开始学习剪纸，六年级时回到福建老家，她在家乡设计剪刻了一幅《民族团结》作品。画面中身穿民族服装的各民族人物造型生动，国徽、凤凰、花篮及牡丹设计花纹细腻，具有独创性。整幅作品很见功力。这幅作品完成后，她以特快邮递的形式千里迢迢把剪纸寄给了母校。全校的师生非常感动。这幅剪纸获得了中国青少年研究中心举办的青少年美术作品比赛特等奖。

在剪纸过程中，学生们用一张张红纸、一把把剪刀，创作出了许多美轮美

奂的剪纸作品。他们的剪纸作品在市区乃至全国的青少年美术作品比赛中均获得过一、二、三等奖的好成绩，并多次刊登在报刊杂志上。学生们曾辅导美国、英国、俄罗斯、马来西亚等外国朋友学习剪纸。师生创作的一百余幅剪纸作品曾在世界花卉大观园举办的迎奥运主题活动中展出。北京奥运会期间，学生剪刻的福娃剪纸作品作为礼物，赠送给了拉手国家尼日利亚大使。

学生们不仅在剪纸的学习中，陶冶了情操，磨炼了意志，还提高了感悟美、创造美的能力。在与外国友人的交流互动中，在大型活动的作品展示中，学生的交往能力、语言表达能力增强了，学生的学习兴趣更浓了，对祖国的传统文化更加热爱。新发地小学向阳文化的教育理念在孩子们身上得到了充分体现。

（2）教师的发展

在剪纸教学中，教师的剪纸教学能力也在不断提高。他们根据学生情况写出了校本课程的剪纸教案，制作了配合剪纸课堂教学的演示课件。目前已经完成了《剪纸单独纹样》《剪纸复合纹样》系列课程教案的设计及配套课件《剪纸历史篇》《剪纸知识篇》和《剪纸技法篇》制作。彩色剪纸作品《校园民族风》被推选参加了在北京世纪坛举办的北京市首届中小学美术教师作品展，获得了优秀作品奖；为北京奥运会创作剪纸《同一个梦想》；参加了丰台区美术家协会组织的"迎新春画展"。教师们还结合教学实践写出了多篇论文，均在市区级竞赛中获奖。经过多年的实践，教师们的专业素养不断提高，并逐步形成了一支剪纸教学研究及开发的学习型团队。老师们不仅探索出了剪纸教学的五步教学法，还合作编辑出版了《剪艺召童心》《剪纸校本课程教材》《剪纸之花》等书籍。

2.编写特色校本教材

我校从2000年开始开展剪纸进校园活动，至今剪纸进课堂教学已成为本校的办学特色之一。在积累了多年的教学经验的同时，我们根据学生的年龄特点，编写了校本教材《剪纸》。该教材分低段、中段、高段三册，分别针对小学低、中、高年级不同学生的认知特点，点面结合，内容详实，图文并茂，丰富多彩。书中收录了上千幅剪纸图案，犹如剪纸艺术的大观园。其内容包括剪纸工具、材料、制作、剪纸符号、基本技法、剪纸分类、传统民间剪纸、现代剪纸、剪纸创作、期末量化评价等，由浅入深、循序渐进，是一本有丰富的思想内涵，而且实用性很强的剪纸校本教材。剪纸校本教材的编写，丰富了新发地小学向阳文化的内涵，更加凸显了学校的办学特色。

（三）创新教学方式，激发学生兴趣，促进剪纸课程的深入发展

为了激发学生的学习兴趣，使学生对剪纸课程永远保持新鲜感，教师们也在不断创新自己的教学方式，促进了我校剪纸课程的深入发展。

1. 引入新的表现方式

套色剪纸的引入增加了学生的新鲜感。套色剪纸是彩色剪纸的一种，有整体套色和局部套色两类。仅一个月的时间学生们就创作了几十幅套色剪纸。我们还根据学生的个体差异，进行分层教学。画画好的同学负责剪纸画稿的设计，刀工好的学生负责剪刻，就这样运用合作的方法完成作品，使每个孩子都获得知识上的满足，精神的愉悦。我们还尝试不同纸张的剪纸教学，进行了红色、黑色、白色、金色、银色等的套色剪纸学习，学生的兴趣更高了。

2. 学科整合，开阔创作思路

（1）剪纸课程与国学经典诵读课程相结合，让孩子把经典的内容、诵读的感悟，通过剪纸的形式表达出来，增加了学生的知识储备，剪时记经典，剪时悟美文。

（2）剪纸课与书法课、衍纸课相整合。学生制作了精美的剪纸书签、剪纸贺卡，并用毛笔在这些作品上写上了名人名言、励志词句等文字。学生曾在大型剪纸作品"八骏图"的周围粘贴了各种书法字体的 "马"剪纸，达到了很好的效果。

3. 剪纸校本课程与学校文化相结合

我们把剪纸教学深深融入到学校的文化建设中。教学楼的走廊中，挂满了学生作品，学生展室中收藏着孩子们最精美的剪纸作品。学校校徽、校旗的设计中都渗透了剪纸元素。

剪纸校本课程与学校文化的有机结合，不仅激发了学生的学习兴趣，也促进剪纸校本课程的发展，为民间剪纸艺术的传承与发展开拓出一条新路，使这朵民族艺术之花绽放出了异彩。剪纸校本课程成为我校的特色发展课程。

三、"空竹"校本课程

"抖空竹"是一种集娱乐性、健身性、表演性于一身的综合性体育项目。空竹不仅价格低廉，易于学练，活动时不受场地限制，且抖起来能发出悦耳的声音，变换出各式花样动作。

2008 年，"抖空竹"这项民族传统体育项目开始进入我们的课堂。此门

课程的开发,激发了学生的运动兴趣,调动了学生运动的主动性,给孩子们提供了展示自我的平台。现在,"空竹"课程已成为我校的精品校本课程。我们采用视频教学、师生互动交流、教师展示动作、学生自主练习、竞赛评比等方式教学,制定了空竹校本课程目标、课程计划等(见下表)。每学期校运动会上都设有空竹比赛项目。这是整个赛场最抢眼、最引人瞩目的地方,学生的比赛就是一场精彩的表演。空竹课程的开设让孩子认识了自我,有了自信。孩子们曾与美国、马来西亚的学生进行过"夏令营的交流互动",为尼日利亚大使做过精彩表演,为英国的友好校教师做过展示,孩子们精湛的空竹技艺让外宾赞不绝口。

空竹校本课程实施计划

项目\年级	教学目标	教学内容	预期成果	评价形式
一年级	走进空竹 了解历史	(1) 了解空竹的发展史。 (2) 简单介绍空竹,让学生认识空竹。 (3) 学习抖空竹基本技术。	学生了解空竹运动的起源与发展,喜爱上空竹这项运动。	1.采用自我评价、学生互评、教师评、家长评和社会相关人员评价相结合;课堂观察与课后访谈相结合的方式。学期成绩以等级加评语的方式呈现。
二年级	认识并学会抖空竹	(1) 观看教学视频,提高学生学习的兴趣 (2) 控制空竹的平衡 (3) 学习抖空竹的加速方法和打轮调整方向的方法。	在兴趣中初步学会抖空竹。	
三年级	学习简单的抖空竹动作	(1) 抖空竹手法(抖、拉、挑、弹、捞、套、勾、盘) (2) 双轮空竹的弹跳法(右千斤) (3) 双轮空竹的弹跳法(左千斤) (4) 双轮空竹的弹跳法(环绳) (5) 双轮空竹上抛接 (6) 双人单空竹侧抛 (7) 空竹课程考核与展示	学生能系统地掌握抖空竹的技术动作。	2.注重评价的整体性和综合性,从知识与技能、方法与过程、情感与态度等方面进行评价,全面考察学生的综合素养。

项目 / 年级	教学目标	教学内容	预期成果	评价形式
四年级	学习空竹技巧动作，空竹花样	（1）空竹视频教学赏析与课前准备 （2）空竹的启动、抖法、调整复习 （3）双空竹侧抛 （4）单、双空竹侧抛组合 （5）空竹动作手法组合串联 （6）空竹手法组合与抛法组合动作串联 （7）空竹课程考核	能够熟练掌握抖空竹的技巧动作，完成简单的动作组合。	1. 采用自我评价、学生互评、教师评、家长评和社会相关人员评价相结合；课堂观察与课后访谈相结合的方式。学期成绩以等级加评语的方式呈现。 2. 注重评价的整体性和综合性，从知识与技能、方法与过程、情感与态度等方面进行评价，全面考察学生的综合素养。
五年级	具体学习抖空竹的高难度动作并学习动作组合展示	（1）蚂蚁上树 （2）高山流水 （3）左右望月 （4）蝴蝶展翅 （5）二龙戏珠 （6）腿串，肘串 （7）小猴跳绳 （8）小猴钻圈 （9）走钢丝 （10）过桥 （11）学生编排动作花样	能够轻松愉快地学会空竹技巧动作，并能互相合作完成动作展示。	
六年级	学习舞大龙、小龙	（1）学习舞小龙的套路 （2）学习舞大龙的套路	能合作完成动作，有一定的胆量，良好的体能。	

四、"陪伴成长"家教校本课程

在学校、家庭、社会中，家庭对孩子的教育起着非常重要的作用。家庭教育的意义不单是衣食无忧的赋予，更应是重在培养孩子高尚情操、良好习惯等。为了促进家校合作，使我校的孩子得到更好的发展，我校与家长一起开发了家庭教育校本课程。我们现已编写完了家教校本教材，教材共六册，每个年级一册，每册六至七课时，从自理、礼貌、阅读、游戏、社会实践等方面让家长与孩子共同完成教学内容。我们将以电子版的形式发

给每位家长，并以电子版形式接收反馈信息。每位家长都是这一课程的任课教师，也将对学生的发展注入新的活力，相信他们的融入将使我校课程建设更加完善。我们也将把它打造为我校的特色精品课程。

五、"走进新发地批发市场"综合实践课程

综合实践活动课程是新一轮课程改革中最引人关注的一门新型课程，也是课程改革中一道亮丽的风景。实践证明，综合实践活动课程的实施改变了学生的学习模式，培养了学生实践能力和创新精神，使学生关注自然，体验生活，走向社会的能力得到空前提高，同时也增强了学生的社会责任感。

我校毗邻新发地批发市场，选择这一优势地域教育资源，就是选择了世界农副产品这个大的资源。我们从孩子们生活的社区、熟悉的环境入手，利用新发地批发市场这一社区教育资源让孩子们进行研究性学习，且把研究的成果服务于社区，不仅能促进学生的发展，还使综合实践活动课程的内容更加规范化、系列化。"走进新发地批发市场"综合实践课程，不仅是我校的特色发展精品课程，也是我区的百门精品校本课程之一。

阳光课堂

——孩子生命成长的一段历程

第一节 "阳光课堂"的内涵

课堂是学校教育的主阵地，我校的"阳光课堂"是以"向阳文化"理念为指导思想的快乐的课堂、智慧的课堂、和谐的课堂。快乐的课堂：学生思维自由，课堂气氛民主，教师教得生动，学生学得主动；智慧的课堂：师生、生生之间高效互动；和谐的课堂：师生关系融洽，相互传播阳光，接受阳光。

"向阳文化"是我校在周宏宇教授的阳光教育基础上提出的，是结合我校师生的特点而形成的教育理念。它强调的是学生发展的动态性，在教育活动中以学生的发展需要为中心，激发教师与学生探索未知，人人都能像向阳花追逐阳光一样奋力生长。

我校地处新发地批发市场附近，学生中80%来自于外来务工人员家庭，这些学生来自全国各地，受家庭环境等特殊因素的影响，学习习惯、学习能力各有不同。我校的阳光课堂更突出平等全纳，用阳光心态培育阳光少年。

第二节 落实"向阳文化"理念，建立和谐师生、生生关系

阳光课堂重点关注师生关系、生生关系。第斯多惠说："我们认为，教学的艺术不在于传授本领，而在于激励、唤醒、鼓舞。"激励、唤醒、鼓舞作用的发挥是和谐师生关系的具体体现。教师要真正地亲近学生，和学生互动对接。学生之间应该互帮互助、互纠互补、互容互纳、互评互赏，形成既有竞争又有合作的良好格局。

一、发扬民主，征询意见

阳光课堂不仅仅要求教师重视知识的传授，更要重视阳光课堂文化的构建。

在构建阳光课堂文化方面，我们充分发挥师生的作用，开展了意见征询活动，初步形成了我校阳光课堂教师学生行为细则。

首先，我校以班级及教研组为单位，针对阳光课堂上"我心中的阳光教师"与"阳光少年"的具体行为表现进行了意见征询。在征询活动中，每一名教师与学生都能结合自己的实际畅谈对阳光教师与阳光学生的认识。

学生意见征询

主体	关键词	具体行为表现
教师	鼓励	（1）同学犯错时让他有信心去办好其他的事。 （2）设置评比让同学勇攀高峰，越战越勇。 （3）考试有进步鼓励。 （4）回答问题错误时，要鼓励："继续努力"。 （5）多激励我们。 （6）在我们没信心时鼓励我们。 （7）发奖品。 （8）在我考不好时，老师鼓励我。 （9）在学生沮丧时，应该给予鼓励。 （10）同学没考好时，鼓励他。 （11）在我们绝望时鼓励我们。 （12）考试没考好，老师鼓励我们不灰心。 （13）当我们回答问题错误时，老师鼓励我们。 （14）回答对了问题要表扬，干一件事要放弃时应要鼓励。在同学没有信心时，应要鼓励。 （15）当我们做错事情的时候老师会去帮助我们，给我们一些安慰，并说出让我们重新振作信心的话。 （16）当学生为学习而苦恼时，要去多多鼓励学生，还要有适当的表情和及时的批评。 （17）老师应该多鼓励同学的优点，让学生有自信，才能更好地学习。 （18）常鼓励同学，给自卑的同学鼓励，给发言者鼓励。 （19）在学生遇到困难时，常鼓励学生。 （20）学生在任何方面取得进步，给予言语或物质上的鼓励。 （21）同学没有考到理想的成绩，老师给予鼓励，会使同学充满信心。 （22）我希望如果我的成绩有了很大的进步，老师能表扬我。 （23）我希望当我遇到挫折，老师能鼓励我。 （24）在学生遇到困难时，需要老师鼓励。 （25）学生回答问题正确时，应该叫同学们一起鼓掌。 （26）回答错误时，叫他不要灰心，再想想。 （27）老师要多鼓励学生。 （28）学生犯错时也要鼓励。 （29）鼓励学生报名参加一些有益的活动。 （30）在学生做题灰心时应当鼓励一下。

主体	关键词	具体行为表现
教师	鼓励	（31）每次我考试成绩不好时，老师并不批评我，而是鼓励我，期待我下次的好成绩。 （32）我的成绩不好，但老师还会鼓励我再接再厉。 （33）在同学失败时老师会鼓励他。 （34）有一次，我考试没考好，老师鼓励我，下次继续努力。 （35）每次赵老师布置作业时，同学们完成得很好，赵老师就夸同学们很棒，鼓励同学们继续努力。 （36）在我写错题时，老师会慢慢地教我，并且鼓励我。 （37）我们在考试前没信心，老师鼓励我们一定考得好，让我们有信心。 （38）有困难的时候，老师鼓励我。
学生	自信	（1）大声说话。 （2）在和老师意见不统一时敢于质疑。 （3）大声回答问题。 （4）不行的事要努力，不能怕被笑话。 （5）上课多发言。 （6）上课积极回答问题，声音洪亮。 （7）敢于质疑。坚信自己的观点。敢于表达自己的真实想法。 （8）上课回答问题不管对不对都要大声回答。不要盲从别人，要相信自己。 （9）在课堂上勇于举手，回答问题时要大声，不能吞吞吐吐，要坚持自己对于问题的观点，不能因为别人的说法而改变自己的观点。 （10）对自己有信心，相信自己。对学习有自信，不能自卑，积极面对所有困难和挫折。 （11）阳光、向上，扔掉那些自卑。 （12）对自己有信心，说自己棒，勇于挑战自我，上课多举手。 （13）相信自己的学习能力，多举手回答问题，不要怕错，相信自己。 （14）要有信心，不要自卑，相信自己是最棒的，自信是成功的第一秘诀。 （15）不害怕上学，不讨厌学习。 （16）我相信我每天都能完成作业。 （17）我相信练习册上的题我能做对。 （18）遇到麻烦不能灰心。 （19）不能自卑，要积极做到最好。 （20）上课大声回答问题，要有信心。 （21）主动向老师问自己不懂的题。 （22）学生要充满阳光。 （23）即使在低分时也不要丧失信心。 （24）应当做阳光少年，不要太自卑。

主体	关键词	具体行为表现
学生	自信	(25) 老师让回答时，多举手。 (26) 同学们一遇到自己可以解答的问题时，都会积极举手，踊跃发言，信心十足。 (27) 回答问题声音洪亮，积极发言。 (28) 自己能相信自己所做的事情。 (29) 同学们会把自己的想法大胆说出来，并会解释说明。 (30) 相信自己的想法，要大胆举手发言。 (31) 在考试或者回答问题的时候，非常有自信能考好或答对题。

教师意见征询

主体	关键词	具体行为表现
教师	尊重	三年级： （1）耐心倾听孩子的每一句话。 （2）尊重孩子稀奇古怪的想法。 （3）针对某个问题，允许学生求同存异。 （4）学生犯错时，不辱骂、忽略学生；听取他们的"辩解"。 六年级： （1）上课进课堂面带微笑，语言柔和，语调适中。 （2）允许孩子发表自己的独特见解。 （3）当学生犯错误时，不大声斥责。 四年级： （1）学生的见解有偏颇，也应耐心地启发诱导。 （2）鼓励学生积极思维，独立思考，提出自己独到的见解。 （3）适当的、激励性的评价。 （4）关心了解每一个学生。 （5）教师跟学生对话，要以肯定学生的优点为先、为主，让学生在激励中显示自我，实现自我。 （6）营造自由、开放、愉悦的课堂氛围。 五年级： （1）认真倾听每一个孩子的发言，不随便打断孩子的发言。 （2）教师更多的给予学生独立思考、合作交流与展示的时间和空间。 （3）课堂上，教师要关注每一个孩子，无论学优生还是学困生。 英语组： （1）耐心倾听学生的发言，不打断学生。 （2）当孩子出现怪异的发言，不嘲笑挖苦。 （3）当学生犯错误时，不马上批评，耐心听清孩子的解释。

第四章　阳光课堂——孩子生命成长的一段历程

主体	关键词	具体行为表现
教师	尊重	体育组： （1）平等对待每一位学生。 （2）不体罚不变相体罚学生。 （3）建立平等的师生关系。 美术组： （1）衣着得体整洁，行为举止规范。 （2）不损伤学生自尊心。不讽刺、不挖苦学生，不体罚和变相体罚学生，对学生诚恳守信，不当众批评学生。 （3）虚心听取意见，不训斥、刁难。 （4）对学生有爱心，平等对待每个学生。 （5）在上课预备铃响前准时到达课堂，不拖堂。 科任组： （1）平等对待每位学生。 （2）认真倾听学生的发言。 （3）给与适当的评价。 二年级： （1）不打断学生的发言。 （2）给每个学生平等的发言机会。 （3）不轻易否定学生的意见。 音乐组： （1）不给每个孩子体罚与变相体罚。 （2）不对孩子大呼小叫。 （3）认真倾听学生的发言。 一年级： （1）认真倾听老师学生发言。 （2）评价时用肯定的语言代替否定的语言。 （3）尊重学生思维的独特，在求异中创新。
	信任	三年级： （1）相信每个孩子都有好好学习的愿望。 （2）相信每个孩子都能进步。 （3）相信每个孩子都能正视自己的错误，给他们改正的机会。 （4）对所有学生一视同仁，相信他们都是天使。 （5）学生犯错，要相信他不是故意为之，而是有原因的。 六年级： （1）学生说过的话，老师要予以认可。 （2）不调查，不随便怀疑和质疑学生的话。 （3）相信学生可以做得更好。

「向阳文化」引领生命起航

主体	关键词	具体行为表现
教师	信任	四年级： （1）教师具有有效的教学方法和多种教学形式，值得学生信任。 （2）教师要精讲多练，引导学生拓宽思路，广开言路，使课堂气氛既热烈又严肃，让学生处在愉快的气氛中。 （3）还要利用直观教具或电化手段，来辅助教学，调动学生的多种感官同时运用，以提高学生的学习兴趣，加深理解，强化记忆，取得理想的教学效果。 （4）教师多注意一下我们在课堂上一些细节。比如我们在课堂上多给学生一些微笑，多向学生投一些赞许的目光。让孩子信任我们。 五年级： （1）课堂上给学生充分展示、表达的机会。 （2）能学生做的老师不带做，充分体现学生的自主。 （3）给学生尝试、探索的机会。 （4）给学生向老师说"不"的机会。 英语组： （1）当孩子没交作业，理由是忘带了，教师不打电话给家长核实。 （2）当孩子测试成绩低，不挖苦孩子了，告诉他下次一定能提高。 （3）考试的时候不给个别生调换座位。 体育组： （1）深入了解学生，对学生的能力有良好的预判。 （2）教师要认可学生、尊重学生。 （3）深入了解学生的性格，对学生的兴趣爱好有良好的认识。 美术组： （1）理解学生，襟怀坦白，不偏不倚。 （2）教师们放下架子，弯下腰，有了信任，教师才可能深入学生的内心世界。 （3）学生能完成的任务不包办代替。 （4）分层布置学习任务让每个孩子都有所得。 科任组： （1）应该做到"言必行，行必果"。 （2）善于发现学生的闪光点。 （3）建立班级自主管理的制度，能放手让学生做事。 音乐组： （1）相信每个孩子能做好事情。 （2）善于发现学生的闪光点。 （3）给每个孩子任务。 二年级： （1）充分信任学生所取得的成绩。 （2）给学生自主学习的时间。 （3）当学生犯错误时，深入了解原因，不轻易下结论。 一年级： （1）充分了解学生的情况，与学生平等交流。 （2）能够在学生出错时耐心听取学生的解释。 （3）鼓励孩子积极的行为，相信孩子会做得更好。

第四章 阳光课堂——孩子生命成长的一段历程

主体	关键词	具体行为表现
教师	鼓励	**三年级：** （1）从积极的方面去鼓励和引导孩子。 （2）对成绩暂时不理想的学生，要使用积极语言鼓励他建立信心。 （3）对胆小的学生，要鼓励他在人前展示自己的魅力。 （4）对于时常拥有新奇想法的孩子，鼓励他们动手实践。 **六年级：** （1）充分地使用积极性评价语言。 （2）当学生发言或解决问题出现困难时，给予激励和帮助。 （3）放大孩子的优点，不刻意强调学生的缺点。 **四年级：** （1）捕捉学生的优点，多鼓励孩子。 （2）教师正确使用激励性语言，激励性评价。 （3）表情鼓励、语言鼓励、量化鼓励等多种形式。 （4）利用表现欲搭建小舞台鼓励学生的各种进步。 **五年级：** （1）我们不要吝啬自己赞美、赏识的语言，多给学生表扬、激励。 （2）表情上的鼓励，给学生一个微笑，一个钦佩的眼神。 （3）手势上的鼓励。 **英语组：** （1）当孩子课堂回答错误全班哄堂大笑的时候，教师要制止。 （2）当孩子课堂回答问题声音小，教师说：你的回答很精彩，如果声音大点就完美了。 （3）当学生字迹乱时，教师尽量找出一个不乱的单词，指着这个单词说：这个单词真漂亮，要是都像这个词一样，那你的作业就太完美了。 **体育组：** （1）课堂中多说信任学生、激励的话语。 （2）暗示。用一些暗示的方法，去激励学生，如眼神。 （3）告诉学生你能行。 **美术组：** （1）记录学生在校的良好表现，及时表扬学生。 （2）教师应给予慈母般的温暖和帮助，以增强他们的自信心。当学生体验到你的爱心，他们就会直视困难，努力克服生活和学习上的困难。 （3）利用激励性语言鼓励学生，多利用肢体语言适时表扬学生。 （4）颁发小奖状、小礼物等奖品鼓励学生。 **科任组：** （1）注意发现学生的闪光点。 （2）注重榜样激励。 （3）给每个层次的孩子以不同的鼓励。 **音乐组：** （1）对唱歌跑调和学不会的孩子报以微笑。 （2）对违反纪律的孩子施以更人性化的管理。 （3）给每个层次的孩子以不同的鼓励。

「向阳文化」引领生命起航

主体	关键词	具体行为表现
教师	鼓励	二年级： （1）鼓励学生上课积极发言。 （2）多用积极性语言引导学生热爱学习。 （3）当学生犯错误时，从其长处方面对其进行正确引导。 一年级： （1）教师不吝啬自己赞美、赏识的语言，多给学生表扬、激励。 （2）表情上的鼓励，给学生一个微笑，一个大拇指。 （3）通过手势鼓励孩子多发言、多提问。
学生	乐学	三年级： （1）把学习培养成爱好。 （2）在读书中感受读的快乐。 （3）在课堂上享受合作讨论。 六年级： （1）主动积极回答问题。 （2）爱读书，并愿意和同学交流。 （3）愿意完成老师布置的拓展题目或提高题。 五年级： （1）课前能做到主动预习，对于自己不懂的问题敢于提问。 （2）课上专心听讲，能准确说出自己在本节课的收获。 （3）课后作业书写认真，有一定的正确率，能体现思考过程。 英语组： （1）学生主动读英语。 （2）学生愿意参加英语课堂的教学活动。 （3）学生能够认真地写英语作业。 体育组： （1）创设轻松愉快的教学氛围。 （2）激发学生兴趣。 （3）融洽师生情感，营造民主氛围。 美术组： （1）学习用品准备齐全。 （2）上课专心听讲，勤于思考，积极参与讨论，勇于发表意见。 （3）作业按时完成，作品干净整洁。 （4）让学生在课堂上玩起来，享受学习的乐趣，体验成功的快乐。 科任组： （1）用好评价机制，让学生干劲倍增。 （2）让学生活学活用学科知识，感受学科的价值。 （3）让学生主动探索，发现规律，体验成就感。 音乐组： （1）高兴地来上音乐课。 （2）愿意唱歌，主动学习。 （3）用好评价机制，让学生干劲倍增。 二年级： （1）积极发言。

第四章 阳光课堂——孩子生命成长的一段历程

57

主体	关键词	具体行为表现
学生	乐学	（2）主动完成课堂任务。 （3）课前自主做好预习及准备学具等工作。 一年级： （1）学生学会读书和识字的方法。 （2）学生能主动学习。 （3）在学习中遇到问题善于与他人交流讨论。
	自信	三年级： （1）为你拥有的特长和优点感到自豪。 （2）相信天生我才必有用。 （3）在文明问候中感受阳光自信带来的快乐。 六年级： （1）敢于举手表达自己的想法。 （2）愿意承担班级或课堂中老师布置的任务。 （3）相信自己的看法，不从众。 五年级： （1）积极举手回答问题，不怕错。大胆提出自己的观点。 （2）敢于上前板书自己的解题过程并且讲解给同学听。 （3）在课堂中进行分组讨论问题时，敢于主动与其他同学进行交流，互相帮助，敢在教师组织的活动中表达自己的观点。 英语组： （1）学生在课堂上能够声音洪亮地回答问题。 （2）读英语的时候发音标准语言流利。 （3）积极参加课堂教学活动，愿意展示自己。 体育组： （1）不怕困难。 （2）敢于尝试。 （3）教师多给予肯定性的评价，增强学生自信心。 美术组： （1）教师应该多表扬少批评，让他们充满自信。 （2）大胆发言，主动提问主动交流。 （3）保持微笑。 科任组： （1）学生敢于发言，积极发言。 （2）发言声音洪亮。 （3）乐于和教师沟通交流。

「向阳文化」引领生命起航

主体	关键词	具体行为表现
学生	自信	音乐组： （1）相信自己能唱好，主动唱歌。 （2）专注地听老师讲乐理。 （3）乐于和教师沟通交流。 二年级： （1）敢于在课上发表自己的见解。 （2）努力掌握别人的发言要点，对别人的发言作出评价。 （3）听不懂、听不清楚的随时提问。 一年级： （1）敢于大声地发表自己的见解。 （2）敢于发表自己的想法、思路。 （3）敢于向他人（包括老师）提出异议。
	合作	三年级： （1）充分利用小组合作讨论如何解难题。 （2）做卫生时分工合作共同做好一件事。 （3）课上齐心协力维护好课堂纪律，积极思考、质疑。 六年级： （1）课堂能和他人一起完成老师布置的任务。 （2）小组人员能够合理分工，共同完成任务。 （3）小组展示有汇报有补充。 （4）不计较个人得失，懂得谦让。 五年级： （1）积极参与同学之间的合作学习，并按照分工完成自己的工作。 （2）合作学习中，积极发表自己的见解，展示自己的才华。 （3）合作学习中，要增强合作意识，取长补短。 英语组： （1）成绩较好的学生愿意帮助成绩稍差的学生，一起完成教学活动。 （2）小组活动时，能够快速分工，不出现分工不清吵架的情况。 （3）学生能够互相提醒未交作业、未完成的任务。 体育组： （1）加强学生个体之间的合作交流、帮助评价。 （2）加强小组之间的合作交流、帮助评价。 （3）创设情景激发学习兴趣，使学生积极参与到学习互动过程中。 美术组： （1）结合学生的生活实际创设情境，使学生产生兴趣，主动参加合作学习。 （2）分工合理，每个人都能完成任务。 （3）合作的同时互相帮忙，互相给予阳光。 科任组： （1）合理分组，形成角色认知。 （2）明确目标，提高合作效率。

主体	关键词	具体行为表现
学生	合作	（3）学生对合作的评价。 音乐组： （1）能主动帮助旁边个别不会的孩子认识乐谱。 （2）能主动帮老师做事。 （3）明确目标，提高合作效率。 二年级： （1）讲究师生之间、生生之间的相互交流、相互帮助，共同提高。 （2）在别人出差错时，给予理解和鼓励，共同找出问题所在。 （3）在合作学习中，取长补短，共同进步。 一年级： （1）愿意参加小组活动。 （2）能够和组内成员和谐、友善地交流。 （3）能够和组内成员共同协商解决问题。

二、群策群力，形成阳光课堂师生行为规范

教研组与班级在汇集意见后上报学校，学校领导班子对教师与学生们的意见进行汇总，梳理出我校阳光课堂评价的四个维度、六个关键词及阳光课堂师生行为规范。

四个维度：

1. 师生要有积极向上的心态。

2. 关注全体，尊重差异，让阳光洒满每一张笑脸，让每个孩子有尊严地生活。

3. 让每个人日有所得，日有所进。

4. 相互传播阳光，接受阳光。

六个关键词及阳光课堂师生行为规范细则

教师	尊重	（1）上课预备铃响前准时到达课堂，面带微笑，精神饱满，下课不拖堂。 （2）耐心倾听，不随便打断每一个孩子的发言。 （3）倡导学生发表自己的独特见解。 （4）正视学生的个性差异，平等看待每一名学生。 （5）对出错的学生，不当众批评指责，保护学生的自尊心。
	信任	（1）深入了解学情，给予学生自主探索、合作交流的时间与空间。 （2）学生能够独立完成的工作，放手让学生去做，教师不能包办代替。
	鼓励	（1）当学生发言或解决问题出现困难时，教师及时给予帮助和激励，维护好学生的自信心。 （2）教师要善于发现学生的优点，运用积极的评价语言对学生进行评价，评价要有指向性。 （3）教师对于学生的鼓励形式要具有多样性、趣味性。
学生	尊重	（1）认真倾听老师和同学的发言，不随意打断他人的讲话。 （2）得到他人帮助时，要给予微笑或致谢。 （3）当同学出错时，要善意地提示，不能嘲笑。 （4）当自己的意见与他人不一致时，要耐心倾听，坦诚交流。
	自信	（1）在课堂上积极举手回答问题，大胆地提出自己的观点，回答问题时声音洪亮。 （2）敢于向他人（包括书本）提出质疑或好的建议。 （3）对于自己听不懂、听不清楚的问题敢于随时提问。 （4）虚心接纳来自他人不同的意见。 （5）自己能够独立做到的事情要努力完成，不用他人代替。
	合作	（1）建立合作组，有明确的组名，组规，分工合理。 （2）在合作学习的过程中要积极主动地完成好自己负责的工作，同时主动帮助有困难的同学完成任务。 （3）在组内交流的过程中既要积极发表自己的见解，同时要做到互相谦让，团结互助，不计较个人得失。 （4）在组员出差错时，要给予理解与鼓励，积极寻找解决问题的办法，不能互相埋怨。 （5）在组际合作交流中，要做到交流充分，优势互补，智慧共享。

第三节　在"向阳文化"引领下，开展课堂教学方式的探索

一、变教为学，促进自主发展

2014年3月，我校有幸参加了由首都师范大学郜舒竹教授亲自参与指导的"变教为学"的课堂教学的研究。这次深入的教学实践，带给我们与学生全新的学习体验。这一过程犹如一次化学反应，"变教为学"理念的渗透，引发了我们对数学课堂教学更多的思考，我们将思考转化为新的教学实践，产生了新的感悟与变化。

所谓"变教为学"就是把"以教为主"的课堂教学变为"以学为主"的课堂教学，也就是把课堂上以教师"讲授"为主的教学活动，改变为学生自主或合作开展的"学习"活动，让学生的学习活动占据主导地位并且贯穿始终。"变教为学"课堂教学模式包括三个方面：从教师角色方面说应当是"导学、诊学、助学"，也就是引导学生学习、诊断学生学习、帮助学生学习；从学习内容方面应当是"突出本质、渗透文化、实现关联"；从学生学习过程方面应当是"每位学生受到关注、每位学生都有活动、每位学生都有机会"。为有效落实这些理念，需要教师在备课、上课以及批改作业的方式等方面做相应的改革。

在近一年的课堂实践过程中，我们从以下方面开展了实践研究活动。

（一）开展专题学习

"变教为学"的课堂中，小组合作学习是一种的基本学习方式，合作学习是一种能力，是需要教师进行培养的。我校组织教师通过网上学习，组内研讨等形式，针对如何对学生进行分组，怎样针对小组合作的形式开展评价等问题进行了实践研究。教师们在实践研究的基础上，做好了本班学生的合作组建设，为开展合作学习奠定了基础。

（二）注重干部引领

在一种新的教学理念实施的过程中，教学干部充分发挥示范引领的作用。俗话说："光说不练假把式"。为使研究更加深入，并调动老师的积极性，我们在工作中注重干部引领作用的发挥。我校主管数学教学的两名干部分别就"万以内数加减法"、通分两节课给青年教师上了示范课。我们的课也许并不够成熟，但是我们在用实际行动向老师表态，"变教为学"是我们共同努力的方向。

（三）加强组内研讨

由于我校青年教师居多，现任班主任中有9名是第一年参加工作的，这些教师在研读教材及组织教学方面都需要老教师给予具体的指导。因此在实践阶段我们充分发挥骨干教师的作用，以师徒结对的形式推进"变教为学"的课堂实践。各组教师在确定好研究课的内容后，老教师在设计学习记录单的过程中，充分发挥熟悉教材、熟悉学生的优势，新教师在此过程中也进一步提高了研读教材的能力。在校内常态课的听课过程中，赵倩倩与张延两位青年教师所带的班级学生通过一段时间的实验，学生学习的主动性与积极性显著提高。在听课后与学生的反馈活动中，学生对"变教为学"的这种课堂教学方式表现出了极大的兴趣。在与老师的反馈活动中，教师们提到学生发生的变化也十分明显。学生由原来的不敢说、不会说，到现在的敢说、爱说。虽然说的能力还有待提高，但这种主动性已经充分彰显出"变教为学"带给学生了可喜的变化。

（四）注重课例研究

研究的顺利实施，离不开专家的引领。我们认为，专家引领的形式之一就是针对课堂教学的指导与点评。2014年5月16日下午，我校由参加工作第三年的张延老师与参加工作第一年的赵倩倩两位青年教师针对长正方形的面积与长正方体体积的推导分别上了两节数学研究课。两位教师都经历了独立备课撰写学习活动单——组内研讨修改学习活动单——集体听课确定学习活动单这一过程。课后，郜教授对两位教师给予了肯定，并针对"变教为学"的课堂上要注意的问题给我校教师进行了细致辅导。

（五）强化反思意识

在近一年的实践过程中，老师们对"变教为学"的认识在逐步深入，实践"变教为学"的能力也在逐步提高，我们已经深深感受到它带给我们的变化，也带给我们更多的为今后发展的思考。

（1）在学习活动单的设计上需要我们进一步思考

"变教为学"重要的一环就是学习活动单的设计，一张学习活动单看似简单，可是承载的内容却不可小视，不仅要突出知识的本质，还要实现知识间的关联，最后还要尽可能的渗透文化。别看只有短短的三句话，要实现需要认真琢磨，多次修改。

（2）在学生合作学习的方式上需要进一步思考

"变教为学"的课堂中，要让学生"知学"、"愿学"和"会学"。"知学"是让学生明白自己将要学什么和做什么，"愿学"是设法让学生具有开展学习活动的动机，"会学"是让学生掌握正确的学习方法，这其中包括学生的自主学习和合作学习等方式。在合作学习过程中，小组成员在不断地成长，对讨论的态度，参与讨论的能力也会发生变化，如何发挥其最大的优势，让学生在小组内发挥自己的特长，是我们以后工作要进一步思考的问题。

二、探异课之型，享阅读之法

为了促进学生语文能力的提高，我们积极开展语文课堂教学的改革。课内拓展阅读、比较阅读、绘本阅读等教学方式的实践，激发了学生学习的兴趣，促进了学生的可持续发展。

我们连续两年，在校内开展了"探异课之型，享阅读之法"的语文教学研讨活动，旨在让学生在不同课型的语文教学中，享受阅读的快乐、习得阅读的方法；旨在给青年教师搭建一个发现自我、展示自我的平台；旨在引领全校的语文教师走上教改之路。

（一）绘本阅读课——以绘本为媒，联想创编

一年级孩子识字不多，"绘本阅读"无疑是这个时期培养孩子阅读兴趣的最佳选择。绘本由大量的图画和比较少的文字组成，有的孩子不看字也能通过图画了解故事的过程。因此，绘本阅读是培养低年级孩子阅读能力的最佳选择。

吕丹老师带着一年级的小豆包上的《爷爷一定有办法》和《图书馆的狮子》等绘本阅读课，教师带领孩子一起阅读，通过充满童趣的图画感受隐藏在画面背后的内容。教学过程中，教师让孩子猜故事的发展，使小豆包们主动地参与听故事和说故事的过程当中，以培养孩子的想象力及听说能力；师生、生生的对话，创设出了"书中有乐，读中有乐"的阅读氛围；在故事的最后，教师还鼓励学生想象绘编故事的情节，开启了孩子们愉悦的创作之门，在色彩斑斓的绘本童年中爱上阅读。

（二）整体识字课——以教材为点，拓展识字

整体识字课最突出的特点是从识字教学的整体出发，将生字融入词、句、段、篇中，层层深入，使生字在短时间内不断复现，从而达到巩固记忆、高效

识字的目的。

新课标对于小学语文低年级识字量的要求非常高，由此可见，识字教学是低年级语文教学的重中之重。由于低年级学生的年龄特点，传统的识字课很难调动他们的积极性，造成被动识字、机械识字，甚至抹杀了他们的识字兴趣。

我校的李小圆老师打破了传统的低年级逐课识字安排，执教了《木禾米竹》和《关心大自然》，重组识字课时。教师引导学生通过看图认识象形字"木禾米竹"，再认识由"木"变化而成的"木字旁"，进而学习《关心大自然》中带有"木字旁"的字"林""森"；最后借助儿歌认识"从、众、昌、晶"，激发了学生的识字兴趣，大大提高了学生的识字量，增强了学生的识字能力。

曹莹老师在教学《化石鱼》一课时，将海底探险这一情境贯穿始终，使学生在欢乐的氛围中，主动自主地学习。她将识字与学词、学文相结合，通过多次复现加深了学生对生字的理解，同时使他们积累了大量词语。

课堂教学实践证明，整体识字课型在教学中的确能提高低年级识字效率、巩固识字效果、激发学生的识字兴趣，获得了事半功倍的效果。

（三）拓展阅读课——以教材为本，拓展阅读

在课内拓展阅读中，我们追求一个"融"字，一个"简"字。融，就是将课文与拓展文自然交融，形成一个整体，"你中有我，我中有你"，努力实现教学效果的最大化；简，就是在尊重学生前见的基础上，确立教学目标，减去繁复的分析，以读代讲，采用整读、拓引的方法，简化教学内容。

此类课最突出的特点是依据课文内容的空白点、提升点、重难点等拓展相关素材的文本资料，帮助学生更好地理解课文内容，加大阅读量，拓宽学生的视野，进而有效地提高学生的语文素养。

杨利老师执教《被赶出家门的小麻雀》时，以四年级《麻雀》改编的童话故事引入，让学生感受麻雀爸爸伟大而无私的爱，激起学生的阅读期待。课中拓展《离家之后……》鼓励学生大胆想象，为说话搭建平台。整堂课由插图贯穿始终将拓展资料和文本内容组成一个系列的绘本故事。不仅激发了学生的阅读兴趣，增加了学生阅读的识字量，且很好地落实了教学目标。

刘倩汝老师在教学《它们怎样睡觉》一课时，引用拓展文《森林旅馆》，充分调动了学生的阅读期待。接着将课文《它们怎样睡觉》作为重点学习，通过小组合作的方式，让学生感受动物睡觉的姿势千奇百怪来解决前文的疑问。

新授过程中教师以读代讲，通过创设情境、角色表演、情景想象等形式引导学生读懂、读好故事，学生的学习兴趣高涨。最后回顾承接《森林旅馆》的结尾，鼓励学生结合课外资料为小动物设计房间。两个故事有机融合在一起，拓展无痕，不仅激发了学生的阅读期待，而且打破了 40 分钟一篇文的常态教学模式，实现了课改新思路。

王立维老师教学的《早发白帝城》一课，最大的特点是在理解诗意、悟诗情时，设计了以"李白生平的经历"辅助学生理解《早发白帝城》一诗内容情感的教学环节。适时拓展了李白所写的赞美祖国河山的诗《望天门山》，踌躇满志的诗句"仰天大笑出门去，我辈岂是蓬蒿人"，放逐后愁思万千的诗《万愤词投魏郎中》和《上三峡》。如此设计不仅帮助学生更深入地了解了李白跌宕起伏的人生，且在强烈的对比中，学生最终体会到《早发白帝城》所表达的诗人久别家乡后盼归，志向又将得报的欢快心情。

（四）分享交流展示课——以学生积累为基，展示交流分享

分享交流展示课最突出的特点是，以学生的阅读积累为基础，围绕一个主题，学生们在一起进行分享交流。王春红老师上的《诵经典诗词 寄浓浓乡情》就是一节"分享交流展示课"。此课最突出的特点是以"乡情"为线索，引领学生将积累或原创的诗词进行回忆、分享、吟咏，并通过巧用古诗、感悟诗情等多种形式，充分感受古诗的内涵与意蕴，抒寄浓浓的乡情。班内 38 个学生来自全国各地，每个同学的家乡所在的城市都有自己独到的风景线，那里的青山绿水、风土人情、名胜古迹与学生诵读的古诗词息息相关。为了将孩子们积累的 100 多首古诗及自创的大量诗歌进行展示和运用，本节课围绕"乡情"设计了四个篇章：第一篇章，家乡是一组优美的词；第二篇章，家乡是一首奇丽的诗；第三篇章，家乡是一幅美丽的画；第四篇章，家乡是一扇心灵的窗。各篇章间层层深入，相互交融。课堂上，从书本到课外，从诵诗到悟情，从诗句到画面，从广背到分类，从学习到创编，使学生感受到了古诗的源远流长、韵味无穷，感受到了经典蕴含的巨大魅力，感受到了古诗中的浓浓乡情。

俗话说"熟读唐诗三百首，不会作诗也会吟"，大量诵读经典诗词，既有利于学生的课外积累，又净化了学生的心灵，使每个孩子都逐步成为"腹有诗书气自华"的少年。此外，她上的《春的印记》也是一节"分享交流课"，此课以"春"为主题，从另一角度展示了学生两年来部分诵读积累的内容。

（五）读写联动课——以教材为范例，学会方法

读写联动课最突出的特点就是在读文悟文的基础中，梳理课文的写法，之后学生独立仿写，以提高学生的写作能力。

叶圣陶先生说过："学生读得好，才能写得好。"在"读写联动"的课堂上，"写"主要是指阅读进行中的随文练笔；而"读"，主要指文本阅读。"随文练笔"与对文本的"读"是互相穿插的，"读"入"写"，"写"也同时注入"读"，二者存在着互为促进的关系。张飞老师在教学《吃虫的植物》一课时，先让学生感受到茅膏菜、猪笼草是吃虫的能手，再着手"依样画葫芦"仿写类似的植物，学生的课堂阅读得到了一定延伸，既降低了写作的难度，又让写作变得快乐起来。

（六）学案导学课——以导学案为线，自主学文

学案导学这种授课模式的目的在于引导学生自主思考、合作探究，主动获取知识，由"学会"变成"会学"，培养学生自学能力、创新能力，从而提高学生的整体素质。

在"变学为教"理念的引导下，这种教学模式一改过去老师单纯的讲，学生被动听的"满堂灌"的教学模式，充分体现了教师的主导作用和学生的主体作用，使主导作用和主体作用和谐统一，发挥了最大效益。学生根据教师设计的学案，认真阅读教材，了解教材内容，然后，根据学案要求完成相关内容，并提出自己的观点或见解，师生共同研究学习。"学案导学"关键在于学案设计和教师导学，抓好这两个方面才能使"学案导学"在语文教学中发挥最大的效益。

我校刘娟老师在上"学案导学课"《西门豹》时，先设计了整体感知这一环节，在读准字词的基础上检查9ˉ12自然段的朗读，整体感知课文内容。之后在学生自主思考基础上，设计了让学生同桌合作，全班探究的环节，使学生理解了《西门豹》的写作顺序和主要内容。然后让学生有感情地朗读，深化课文的理解。直扑到文章的重点，理解西门豹的睿智和才干。这样，让学生在被他的品质深深吸引的同时，抒发对西门豹的赞美之情。在一段优美的文字中结束本节课。此外，刘桢琦老师借助导学案给学生上了"学案导学课"——《麻雀》。教学中，教师充分发挥学生的主体作用，通过导学的方法引导学生自主阅读，学生抓住重点词句，深入感知老麻雀的爱子之情。

"导学案"将教与学有机地结合，有效地提高了课堂教学效率。

（七）比较阅读课——以比较为抓手，悟文学法

纵观高年级精读课文的篇目，大多都是记叙文，且篇幅较长，不易理解。比较阅读，巧妙地将两篇或多篇课文的内容、主旨等进行比较，加深了学生对课文的理解，使学生更好地习得了写法。比较阅读既能提高课堂效率，又能让学生牢固掌握学法，对学生来说非常有益。

我校的田瑶老师在教学《彩线串珠 浑然一体——记叙文的线索》时，将《钢琴之王的微笑》、《母亲的纯净水》、《枣核》三篇文章进行比较。她先将学过的文章用一段优美的文字串成一首诗，带领学生进入情境，引出课题；然后通过三篇课文写作线索的比较，总结出"抓住文章线索、概括内容、感悟中心"的学法，并运用到新的文章当中。孩子们的表现很让人满意，从自主阅读，到自主表达，同伴交流完善，课堂气氛活跃，收到了较好的学习效果。

张静杰老师执教《蝉》一课时，通过"读——圈——讲"的形式重点指导学生体会拟人化写法的好处。再通过与《蟋蟀的住宅》一文的比较阅读，迁移学法让学生自主体会拟人化写法的妙处，最后让学生运用这种写法进行写作实践。实现了教学的"教——扶——放"自主课堂，方法"读——悟——写"的实践目的。

此外，我校的刘爽老师还上了情动习文课《别了，母校》、《我喜欢的小物件》等习作课。毋庸置疑，习作课紧紧围绕学生的现实生活设计教学内容，会收到很好的教学效果；在培养学生能力的同时，也净化了他们的心灵。

徐晓彬老师在进行《军神》和《董存瑞舍身炸暗堡》这两篇课文的重组教学时，注重引导学生们抓住主要画面，对人物的品质进行深刻感悟，并在对比中体会"用次要人物的情感变化突出主要人物品质"的写法。赵倩倩老师将《赵州桥》和《参观人民大会堂》两课进行重组教学，始终以"过渡句"的学习为主线索，通过《赵州桥》一课中"桥身不但坚固而且美观"指导学生明白承上启下的意思，体会坚固美观所指之处；再通过《参观人民大会堂》一课的自主学习，批画过渡句，进一步巩固学法；最后运用这种写法对学校的景观进行描写，真正实现学语文用"知识教方法"这一思想。

三、以学科整合为契机，促进学生的发展

语文学科人文性和工具性的特点，为语文教师的跨学科教学提供了必要性和可能性。为此，我校以课程改革为契机，以语文学科为引领，实践学科间的整合，推动学生语文能力的提高。

1. 剪出一个典故

早在二十世纪八十年代中期，新发地小学就把民间剪纸艺术作为教学内容，引入了美术课堂教学。剪纸和国学经典都是中华民族丰富的传统文化瑰宝。为了更好地传承民族优秀文化，领悟国学经典的精髓，我校将剪纸与国学经典诵读相结合，开展了以"剪纸炫经典，潜心悟国学"为主题的研究活动。将《三字经》、《弟子规》、《唐诗三百首》等孩子们都已熟记于心的国学内容中的一些故事通过民间剪纸的形式表现出来。《早发白帝城》、《望洞庭》、《黄香温席》……一幅幅精美的剪纸制作，让孩子们既深入了解了内容，又从国学经典中汲取精华接受了教育，提升了思想精神境界。

2. 绣出一句名言

十字绣是一种起源于欧洲的手工艺，具有悠久的历史。由于它是一项易学易懂的手工艺爱好，因此受到不同年龄的人们的喜爱。近年来，随着校本课程的开发，十字绣也走进了新发地小学的劳技课堂。孩子们只需花一点点时间，一点点耐心，再加上一点点信心，就能完成一幅令自己觉得很有成就感的十字绣作品。因此我校结合语文教材中名言警句这一大"亮点"，随即开展了以"绣名言，悟哲理，励志向"为主题的研究活动，将学生语文课上积累的名言警句与劳技课十字绣相结合。在绣制的课堂上孩子们温故知新，回顾了旧知识，同时通过互相学习又了解了新的名言警句。看着自己的作品，孩子们之间形成了比学赶帮的学习风气，看看谁记住的名言警句多，看看谁绣出的作品有创意。此次活动激发了学生们记名言、绣作品的兴趣，可谓一举多得。

3. 唱出一首诗词

音乐作为小学阶段的一门重要课程，它的教育需求日益突出；而"国学文化"在校园的普及也成为现今教育的一个重要组成部分。如何让"国学文化"丰富音乐课堂，使学生在愉快的欣赏音乐中耳濡目染、潜移默化地学习中国的传统文化。我校以"唱响诗词，弘扬文化"为研究主题开展学科整合，拓宽了

学生读书实践的活动形式。《明月几时有》、《春晓》、《鹅》……篇篇脍炙人口，曲调优美。那优美的旋律、古典韵味的风格可以打动孩子们的内心，陶冶孩子们的情操，对增进国学学习的兴趣大有裨益。

第四节 在"向阳文化"引领下，逐步完善课堂评价

在课堂教学评价方面，我们不仅重视、关注对原有三维目标方面的评价，同时倡导关爱、尊重、赏识、激励的教学评价，教师的一言一行都是有效的教育资源，都会对学生产生重要的影响。

我校在形成阳光课堂师生行为规范细则后，依据细则以课例研究的形式开展评价活动。在北师大专家参与下的丰台区的课例研究活动中，我校以"沐浴阳光课堂，引导学生有效探究"为题，通过对二年级探索规律一课的教学实践和研究，组织全体教师参与现场观摩及评价活动。在专家及领导的指导下，我校针对阳光课堂的不同维度设计了相应的观察量表，并组织教师运用量表进行课堂观察。每次课堂实践结束后，负责观察的教师都要公布具体数据，专家组再针对数据进行科学的分析评价。以下是部分课堂观察量表分析及相关人员针对阳光课堂评价方面的听课感受。

教师理答方式的频次分析

	第一轮	第二轮	第三轮
打断学生回答或自己代答	8.6%	9.5%	0
对学生回答不理睬或消极批评	2.9%	0	0
重复自己问题或学生答案	31.4%	19.0%	0
追问	31.4%	19.0%	60%
转问	11.4%	4.8%	13.3%
对学生回答鼓励、称赞	11.4%	42.9%	26.7%
鼓励学生提出问题	2.9%	4.8%	0

表中的数据可以清晰地反映出，教师在课堂理答能力方面有了显著的提高。

教师充分尊重学生，对于学生的回答都能予以回应，第三轮课上教师"不理睬或消极批评"次数为0，在一定程度上体现了"阳光课堂"的"和谐课堂，充满阳光"的特征。教师本课问题出示比较明确，没有重复教师自己的问题，学生能够听明白教师所提的问题。教师在学生回答后也能够及时追问，并有一定深度，而且提示学生说话要完整。本次课，教师更加有意识地培养学生质疑能力，多次让学生提出不同看法和质疑意见，而且在课的最后，再次激发学生的兴趣。

课后总结阶段，一个学生的发言："今天的课我上得非常愉快，不仅学会了探索规律，而且老师的微笑给我们每个人留下了非常深刻的印象，我也想奖励给老师一个微笑。"这正是微笑的力量，是微笑让教师充满阳光，同时也感染了学生，相互成为对方的阳光。

听课教师的感受：三次课讲完之后，教师的提问从开始的琐碎、抢答、探究问题的设计不够深入，到后来的高质量的提问，为阳光高效课堂的设计奠定了基础。第三次课时，老师的课堂提问在前两次讲课的基础上进行了整合，有层次，有针对性，减少了重复性的和琐碎的追问；注重引导学生进行大胆猜想，多种方法验证，进而沟通方法之间的联系，给学生创设了一定的创造性思维发展的空间，培养了学生的探究能力；注重安排小组合作学习，引导学生进行生生交流，使学生能在课堂教学中有效互动，使整节课充满了阳光，老师的微笑深受学生的喜爱。

李校长的体会：让阳光点亮学生成功的自信。自信，即相信自己。学生的自信是促进其自主、积极学习的不竭的动力。而相信自己，是学生对自己知识、能力的一种自我认同。这种认同更多地来源于学生自我成功的印证。成功有时候甚至超越了教师单一的言行上的肯定和表扬。它是一种强大的无形的促进力量，可以让学生在充分享受成功带来的喜悦之时，更加自然地潜入学生的心灵，激发学生进一步深入地学习、探究的好奇心、求知欲。因此，教师教学中要不失时机地用赞赏的阳光、激励的阳光，点燃学生体验成功、享受成功带来的自信，从而期待再次成功。

周教授的点评：课程选材贴近学生生活，易激发学生兴趣，产生积极愉悦的心情；老师的微笑是对学生最好的鼓励与关爱，传播知识的热情温暖了每个学生的心灵，活跃的课堂气氛是最好的展现；学生高高举起的小手，回答问题

71

的踊跃，表达了学生们对知识积极的渴望；师生互动频繁，教师的鼓励话语更加激励了学生们的积极性。

　　通过对阳光课堂的有效探索与实践，我校的课堂正在向我们预期的目标发展。师生关系、生生关系变得更加融洽了，课堂评价变得更加科学全面了，教师与学生在课堂中相互传播阳光，接受阳光，课堂成为学生生命成长的重要历程。

阳光班级

——学生健康成长的家园

班级是现代学校制度的产物，是班级授课制建立以来，由年龄阶段和发展水平相当的一群学生组成的学校教育教学基本组织形式，以共同的学习活动和直接的人际交往为共同特征。

班级是学校教育教学及管理活动的基本单位。这个群体不是由学生自发组成，而是由学校根据有关规定和学生的生理、心理发展水平统一编制的，有目标、有计划地执行管理、教育功能的正式小群体。每个学生都有自己固定的班级，并且随着年龄的增长进入新的一个年级，但是班级的成员还是固定的。班级工作是学校工作的基本组成部分，班级的教育、教学质量直接影响学校的办学水平。

班级是为每个学生个体生命成长创设的空间，让学生的认知、情感、意志、行动都参与到其学习和活动之中，是一个促进学生社会化和个性化的整体的动态的教育环境。

第一节　用"向阳文化"引领阳光班级的构建

班级文化就是社会、学校倡导的主流文化、教师文化与学生文化整合后形成的文化现象，反映班级这一最基本的教育单位的价值取向和生活状态。班级文化具有教育导向、规范调控、陶冶审美、促进发展的作用，让学生在良好的班级文化氛围中生活，有益于学生健康快乐地成长。

任何班级文化建设一定是基于学校文化的，我们新发地小学的文化理念是"向阳文化"，在这一理念的引领下制定的我校的办学宗旨是："平等全纳，让阳光洒满每张笑脸。"，办学目标是"将学校办成健康、向上、和谐、共学的阳光学校"，育人目标是"培养志存高远、脚踏实地、合作共进、悦纳自我的可持续发展的阳光少年"。校训：春华秋实，日新日进。校歌：《青青园中葵》。

这些理念指引着我们在充满生机的阳光校园里，有着向阳教育理念的阳光教师引领着阳光少年脚踏实地、志存高远，追逐理想共创和谐美好的生活。让每个孩子真正做到春华秋实、日新日进，实现每一个人的社会与自我的双重价值。

一、鲜明的班级标识引领班级发展方向

班级文化的形成，对学生的健康成长具有引导、调节和纠偏的作用，对每个学生都起着潜移默化的教育作用。教师特别是班主任老师要充分调动学生参与班级管理的意识和能力，积极创造条件让孩子们参与班名、班训、班级标识等方面的建设。

班名代表一个班级的个性、特色，对学生具有激励意义。

班徽是整个班级的精神的提炼，能够反映大家的共同追求和大家共同的归属感，是班级活力和荣耀的象征。

班训，也可以说班级口号，是班级整体精神、目标的体现，是班级个性、特色的高度概括和精神标志。

【案例1】

班级名称："阳光"班

名字的由来：向日葵所蕴含的积极内涵是团结、爱心、认真、阳光，希望孩子成为团结友爱、充满爱心、踏实认真和阳光快乐的少年。

班徽设计：

班徽含义： 大的向日葵代表着老师，小的向日葵代表着学生，我们在一起很幸福；向日葵中的瓜子你挨着我，我靠着你，方向一致，劲儿往一处使，象征着我们的集体很团结；向日葵四周黄色的心形的叶子象征着我们的爱心；下面长的绿色叶子代表着我们认真做事的精神；向日葵追逐阳光的特性代表着我们勇敢、阳光、快乐的心理。

　　班级口号： 阳光少年，勇往直前；阳光少年，快乐成长。（本案例由丰台区新发地小学李辉老师提供，有删节）

　　【案例2】

　　班级名称： "追梦"班

　　名字的来历： 做一个阳光少年，做一个有梦想的阳光少年，做一个为梦想而努力的阳光少年，做一个用智慧和努力实现梦想的快乐的阳光少年。

　　班徽设计：

　　班徽含义： 运用"阳光班级"的教育理念设计的班徽，由充满知识的书籍、手、太阳和帆船组成，象征着在阳光的班级中，在优雅的环境下，在知识的海洋里，一群博学多才的孩子们追逐阳光、放飞梦想、扬帆远航。

　　班级口号： 追逐阳光，放飞梦想，阳光少年，快乐无限。（本案例由丰台区新发地小学王春红老师提供，有删节）

　　班级文化的这种教育作用不同于课堂教育，它虽是无形的，但它又是无所不在的。它是一种浸润学生精神的教育，是一个循序渐进的过程，它为我们的集体指明了方向，为营造阳光、健康、和谐、向上的班级氛围奠定了基础。只要用爱经营、用心谋划，孩子们便会在这样的班级文化引导下，科学有序地开

「向阳文化」引领生命起航

展班级建设工作，打造"阳光"的集体，这样的班级文化会伴随孩子们快乐地健康成长。

二、宽松的班级氛围有助于创建心灵的栖息之所

教育的本质是培养人、塑造人、发展人。而宽松的氛围对任何事物的成长都是非常重要的，对孩子而言，他们正处于学习成长的时期，更需要宽松愉悦的氛围，让他们心有所依。对于班主任而言，积极创设这种适合孩子健康成长的心理文化环境，让学生的心灵有栖息地，让孩子的身心都健康成长，成为脚踏实地、志存高远的阳光少年尤为必要。

【案例1】

为了畅通孩子们表达内心思想与想法的渠道，为孩子们提供交流的平台，引导孩子们积极表达内心的想法，形成健康的心理，我和孩子们创设了"班级贴吧"，在与班委商定之后，我们的"贴吧"终于上墙了，结合班级文化，我们将其命名为"向阳贴吧"，意为让孩子拥有阳光般的心态，让师生、生生成为彼此的阳光。

"贴吧"开设不久，就出现了"刘世斌今天在操场上主动捡了一张纸，让我们的校园更美丽""今天美术课大家都把学具带齐了，老师可高兴了""谢谢尚怡今天借给我铅笔"等帖子。我真为孩子们的积极参与感到高兴。但细细品味，即发现孩子们的帖子几乎全是以表扬为主，这个"贴吧"简直成了班级的另一个表扬本。它呈现给孩子的方式是一种单向式的宣传与灌输，没有达到"贴吧"设计之初"让每面墙壁会对话"的目的。

显然孩子们对"贴吧"的功能还没有完全的了解，为了避免给孩子留下"帖子分好坏，发帖是作业"的印象，我没有采取集中讲解的方式，放学后，我在"贴吧"上发表了"科任课上同学纪律不好，老师该怎么办？""明天是张杰的生日，大家祝她生日快乐吧！""要开运动会了，咱们喊什么口号好？"等帖子，引导孩子丰富"贴吧"的功能。孩子们真的是很聪明，稍加引导，便有效果。没过两天我们的"贴吧"上便出现了"我觉得小组长应该轮流当""建议学校每年组织两次春游""我是不是很笨呀""昨天老师留的作业真多呀，希望老师今天少留作业"等帖子。

为了进一步引导孩子参与"贴吧"的讨论，对于针对我的"帖子"我积极回帖。"对不起，老师留的作业对你来说是多了些，下次我会注意，老师也希望你抓紧在学校的时间。""谢谢你们的建议，我会和班委商量关于轮流当班干部、组长的事情的。""贴吧"的互动性、互助性的特点一下子激发了他们参与的热情，孩子最了解孩子的心理，同伴最希望得到同伴的帮助，主题帖下也渐渐有了他们的回帖："你不笨，只要你上课认真听讲就不笨了""学校每年只有一次春游，我姐姐已经五年级了，她告诉我的""祝张杰生日快乐，下周是我生日，请大家祝我生日快乐——赵安迪"……经过半年多的建设，"向阳贴吧"的栏目丰富了，由单一的好人好事板块，丰富为学习方法、我的秘密、班级建设等。这些热门讨论出于学生之口，源自他们的切身体验，"向阳贴吧"为学生提供了一方缓解压力、倾诉心愿、展现个性、感悟成长的新天地，为我了解学生的需求，有效施教创设了新渠道，为师生、生生沟通提供了新途径。

（本案例由丰台区新发地小学李辉老师提供，有删节）

【案例2】

笔动心语，让我可以蹲下来和孩子说话，倾听孩子的心声，并调动学生的内在力量，调整孩子的阳光心态；笔动心语，让我可以发现生活中的美，发现孩子的点滴进步，为孩子提供展示的平台；作为一名班主任，我的"博"采众长指的是在班级博客这片小天地中，展示每一个学生成长中的点点滴滴，展示他们的文化特长，展示班级的集体风采，这里是孩子们梦想放飞的地方，这里是我们班级大放异彩的地方，这里是我们共同的家。

在这片天地中，有一张照片我特别喜欢：我班一个听障的男孩子搀扶着一个刚刚把腿扭伤的男孩向前走，他们的脸上写满了阳光，他们的内心写满了自豪。在这幅照片背后隐藏着一个感人的小故事，也承载了我对每个孩子的希望，蕴含着班集体建设的教育艺术。记得那天，班中的男孩子不小心把腿扭伤，坚持来到学校上课，影响了他的课间活动，就在我正想安排一个人负责搀扶他的时候，我看到我班那个听障的男孩子下课主动走到他的跟前，搀着他上厕所，帮他交作业……这一幕深深地打动了我，为了鼓励这个乐于助人的男孩子，让他成为班级的榜样，我用相机将这一幕照了下来，发到班级博客中，得到了同学、家长、老师们的赞扬，也鼓励我班学生能像这个身有残疾的男孩子一样成为别人的阳光。

「向阳文化」引领生命起航

在这片小天地中，有孩子们参加活动的收获和喜悦，有孩子们自己写的成功作品，有孩子们生活中的快乐时光，孩子们用"梦想放飞"这条美丽的珍珠链串起班集体建设的点点滴滴，让班集体建设的颗颗珍珠在这里绽放璀璨的光芒。（本案例由丰台区新发地小学王春红老师提供，有删节）

【案例3】

我的班里有一个学生叫文文，学习成绩在班里还算优异，可是承受挫折的能力特别差，脾气特别急躁。比如：考试成绩低于90分时，会大哭、随意摔东西；遇到难题不会做时，会频繁用手捶打自己的头部；没听清楚老师的要求时，会大喊大叫……班里有这样一个孩子，确实很令老师头疼。

那是一节国学课，国学老师带着文文同学来到了我的办公室，我一看他哭了，突然想到了前任班主任和我说的那些话（情绪比较激动，有不会的题就会闹脾气，乱扔东西，甚至打自己）。后来和国学老师了解情况之后，果不其然，文文同学是因为背不下来《观沧海》，就开始生气、扔东西、大哭。

了解情况之后我就让刘老师赶紧回去上课了，我开始试着和文文同学交流。但是有一刹那，真的吓到了我，他特别使劲地打自己的头，我赶紧制止他，并询问其这样做的原因。了解之后我发现这个孩子对自己的要求非常高，任何事情都追求完美，其实说白了就是自尊心、好胜心过于强烈，后来我把他叫到了外面，进行说服教育，我对文文说："每个人都有八种智能，你的英语特别好，自然语文背诵能力就比别人差了一点，很正常，其他人比你语文背得快，但英语并没有你好，每个人都有自己的优势，但只要你付出努力，慢慢来，总会背下来的。"话音刚落，孩子就用手擦干了眼泪，立正站好，轻轻地对我说："张老师，我会多下工夫，争取背下来。"我接着说："孩子，老师相信你一定能背下来，付出就有回报，一定不要心急，要相信自己通过努力之后一定会成功！"说完，我就看到了孩子嘴角有一丝微笑。他看着我自信地点了点头。我把他带回了班里，让他重新上课。我认为此时此刻，这个孩子需要的就是一种爱的鼓励，我坚信鼓励一定会让孩子改变。

慢慢地，这个孩子发生了变化。他开始接受失败，考试中得了80多分，他也没有大哭大闹。遇到了难题，他也不选择乱扔东西这种方式，而是在我的耳边轻轻地问我题怎么做。没听清老师的要求时，他会举起他那稚嫩的小手。这一切的一切我都看在眼里，我和他的妈妈也经常用微信私下交流，看到孩子

这样的变化，我们非常开心。（本案例由丰台区新发地小学张静杰老师提供，有删节）

第二节　活动育人成就阳光班级

苏霍姆林斯基说："没有活动就没有教育。"可见从古到今，从中国到外国，人们都意识到了活动育人的重要性。学生在丰富多彩的活动中进行体验感悟，进行心与心的沟通，有时能达到"润物细无声"的教育效果。形式多样的活动可以使班级充满生机和活力，为学生成长提供广阔的舞台和良好的环境，成就阳光班级。

古语云：蓬生麻中，不扶而直；白沙在涅，与之俱黑。"可见，班级环境对人的影响是巨大的。班级活动能够促进良好班风的形成，优良的班风会影响学生的方方面面，有利于促进班级各方面的建设和学生健康成长。对于小学生年龄和心理特点而言，我们认为班级活动是建设阳光班级的重要手段。班级活动能够锻炼学生的能力，引导学生的思想。班级是教育学生的主阵地，阳光班级氛围使每一个学生都会有一种自豪感和成就感，学生会主动约束自身行为，维护班集体荣誉。

学校、班级如果能开展一些活动，我相信能增强学校生活对学生的吸引力，为学生释放过剩精力找到正当途径，能增进班级的凝聚力，能最大程度地拉近师生之间的距离，树立班主任的能力威信和情感威信。每个班主任都希望自己的学生热爱集体，关心他人，而活动就是这些品质形成的催化剂。我们可以每次开展活动，由学生自己完成活动场所的布置。布置活动场所要用的彩纸、花束、彩灯、背景音乐等，都是学生自己准备的，学生总是千方百计、竭尽全力从家里带来用得上的东西，并以能出上力、帮上忙为荣。遇到一些和其他班级的对抗性的活动，比如课间操、校运动会（包括入场式），全班同学更能空前地齐心。另外，学校组织学生进行值周，也可以锻炼学生的语言表达能力、交往能力，有助于学生增强保护和维持校园环境卫生等公德意识。

一、班级活动使学生践行规范

俗话说："没有规矩，不成方圆。"对于一个班级来说，也必须有一定的

规范约束行为。但这种规范单纯靠教师的要求作用甚微，因此，就需要在班级活动中，通过渗透教育内容，使学生认同规范，践行规范。

就有这样一位老师，利用学校队列会操比赛，让学生懂得学校、班级的规定，成就了孩子们的集体荣誉感。

【案例1】

在一次队列会操比赛中，我早早进入了教室，眼前一亮，孩子们都穿着校服来了，我的心中顿时感到暖暖的，孩子们太精神了！孩子们把自己班级的事当成了自己的事，学校的规定也放在了心里。我毫不犹豫地表扬了我的孩子们，我看到了他们的笑脸。这时，赵×来了，一个可爱的小姑娘，平时是那么听话，那么优秀，今天，唯独她没有穿约定好的服装。孩子用胆怯的目光看着我，"对不起，刘老师，我忘了。"我当时心情很沮丧，心里有些生气，但批评也不能改变她没穿的事实。作为一名老师，我怎样才能处理好这件事呢？既不能影响一会儿比赛时孩子的心情，又不能让孩子不重视集体的事情。谁没有忘事的时候？她不是有意的。我决定，用一颗宽容、理解的心去包容孩子，我向孩子投去理解的目光。"没关系，同学们，我们来帮帮她吧！"我微笑着看着孩子们，说："赵×肯定不是有意没穿校服的，她也像我们其他同学们一样，希望我们在今天的比赛中取得好成绩，也想为我们集体争光。通过今天的事情，我相信，她再也不会忘记集体的事了。"经过一番细心的教导，那些不能上场的孩子主动把自己穿在身上的校服给了赵×，赵×笑了，她的眼神仿佛在告诉我，"老师，放心吧，我不会让您失望的。"她真的做到了，比赛场上，观众席中，始终她都以最优秀的一面展示给全校的师生。用鼓励代替批评，老师对孩子的理解、宽容，会让孩子释放出你意想不到的能量。在此活动之后，孩子们都更加用心对待了，把学校、班级的事儿放在心中了。（本案例由丰台区新发地小学刘杰老师提供，有删节）

利用课间操比赛，成就了孩子们的集体荣誉感。第一次比赛前，有一个人没穿校服，老师没有批评，而是让学生们想办法解决，体现了集体的友爱。当比赛失利时，老师用激励的话语让孩子们树立了继续努力的信心。当比赛再次来临的时候，老师从训练方法入手，教学生如何从失败中找到问题，通过刻苦的训练来成就自己的目标。

教育是一个过程，而失败后的崛起更会给学生留下深刻的印象。三年的时间，同样的比赛，让学生感受到集体的荣誉是靠每个人的努力获得的。在这个过程中，教师的引导和鼓励是学生动力的源泉，让学生看到希望，并且在不断的努力中去感受成功的快乐！

【案例2】

班里的孩子大多数是独生子女，在家里娇生惯养，不懂得谦让，不懂得为他人着想，同学之间相处时也常有些小矛盾，我想何不利用这次吃西瓜的机会来教育他们呢。

夏天到了，六七月份正是吃西瓜的好时候。周日晚上，班里宋××的爸爸给我打来电话，说周日去大兴庞各庄采摘西瓜，顺便给班里的孩子们带了两个尝尝鲜，放在门房了，我心想：这家长真好，还能想到班里的其他孩子们。我打算周一中午把西瓜切了。

转眼间到了周一中午，孩子们12点就吃完了午饭，在班里休息，由于他们不知道今天中午能吃西瓜，当我把西瓜抱到班里的时候，孩子们的眼神由最开始的吃惊变成了惊喜，紧接着一个个的嘴角上扬，拍手叫好。我坐定，给孩子说完了西瓜的来历就开始给孩子们切西瓜。我把西瓜先分成四大角，然后再把每一大角分成三块，显而易见，中间的这块瓜瓤大、籽少，谁都想吃这块，可是三块中就一块大的，如果挑了大的这块，其他两位同学就只能拿小的。考验他们的时候到了，我先切了一角，分成了三块，同学们按组来拿西瓜，这时第一组的第一个同学张×来到我面前拿西瓜，只见他笑呵呵地拿了一块大的，回座位去吃了，平时张×在班里属于大哥级别的，爱欺负别的同学，见他拿了大块，后面的两位同学不得已拿了两块小的，紧接着后面的同学表现不一，到刘×那组时她第一个冲到前面，抢走了一大块吃起来，她的行为得到了组内其他人的抗议，可是她也视而不见，丝毫没有不好意思，王×见到桌子上是块小的，就让别的同学先拿，自己等着新切再拿块大的，黄××是第一个从我这拿西瓜说"谢谢老师"的学生，只有到王××的时候他主动拿了一块小的，把大块留给了后面的同学，后面大家都陆陆续续地拿到了西瓜，开心地吃着，嬉闹着……

这时桌子上剩下了七八块西瓜，看孩子们吃得差不多了，我让大家安静下来，孩子们看到还有西瓜没分完，眼神里充满了期待，看着大家坐好，我说道：

"孩子们，刚才老师让大家拿西瓜的时候谁主动拿的小块，请你站起来。"话音刚落，大家东张西望，只见王××和其他两个孩子站起来了，我接着说道："大家都听过孔融5岁能够让梨的故事吧，那么小的年纪就懂得了谦让，刚才大家的表现我都看到了，班里只有这三名同学能够为同学着想，把大块留给了后面的同学。我们全班为他们鼓掌！"说完，班里响起了掌声，我让这三名同学每人又拿了一块西瓜，并教育大家"不想占便宜的人生活也不会让你吃亏！"这时候班里出现了同学的抱怨声"我也没挑大的，到我这就只有小块了"，我接着又让这类孩子站起来每人再拿一块，这些孩子也美滋滋地回到座位接着吃西瓜，这时候，没有吃着西瓜的就是最开始只顾自己、不顾他人的几名同学了，只见这几个孩子有些尴尬地在座位上坐着。大家都知道，吃西瓜爱流汤，班里的地上都是西瓜汤、西瓜籽，垃圾桶里也都是西瓜皮，大家吃美了，可教室变脏了。于是我说道："刚才谁挑了大块的，请你站起来。"只见那几名孩子不好意思地站了起来。"你们几个把值日做了吧。"听到这句话，班里其他孩子都跟着起哄，那几个孩子知道了自己的错误，把值日做了。

做完值日我笑着问了张×一个问题："下次吃西瓜，拿哪块？"

"拿小块。"张×说。

班里孩子都跟着笑了……我想我的目的达到了。（本案例由丰台区新发地小学刘爽老师提供，有删节）

教师抓住每一次班级活动，关注每一个细节。那些只想着自己拿大块西瓜的学生，通过老师耐心引导懂得"不想占便宜的人生活也不会让你吃亏"的道理。在这次分西瓜的活动中，我想：孩子们不仅懂得谦让，更能做到心中有他人。

班级中划分若干个小组，有利于培养学生的集体意识、民主意识、主人翁意识和自我管理能力；小组活动有利于形成正确的班级舆论，同时，有利于丰富和活跃学生的集体生活，促进学生聪明才智和个性的发展；小组活动能够让学生更加有责任感，为了小组共同的目标而努力。

【案例3】

在班集体教育管理中，能够实现学生自主学习、自主管理、自我教育，是班集体建设发展的终极目标。为了实现这一目标，我们都在努力奋斗着。从四年级下学期期末复习至今（五年级下学期），我一直采用班级小组管理模式。

四年级期末复习阶段，我发现班中有几个同学总是不能集中精力完成改错这项学习任务，从而影响着我往下开始新的任务。因为不断的新任务只会让那些同学堆积更多的任务，从而拉大差距。这个问题一直困扰着我，我思考了很久，突然想到可以把每天要完成的任务列在黑板上，以小组为单位进行评比，整组完成就可以在黑板写上名次，我相信这样做一定会激励孩子们快速完成任务。

　　第二天，我就和我的学生们谈了我这个想法。没想到同学们一听，都特别兴奋，非常喜欢这样的学习方式。最令我惊喜的是，孩子们在课下自主起了组名，还用彩纸把组名和组员都写好了。我们当天就开始实施小组合作学习这个模式，果然孩子们的改错任务都完成得很快，那一天的课间我一次也没有看到孩子们追跑打闹的身影，我看到的都是小组成员们互帮互助、共同讨论题目的画面，因为他们每个小组都想得到第一名。我一看，孩子们这么起劲，当即拿起手机拍下了孩子们互助的照片和黑板上小组排名的照片，发到了微信的朋友圈和微信家长群，家长们看到了也很欣喜，这也成为了我和家长们交流的一种方式。四年级的整个期末复习阶段我都在用这样的方式激励着我的每一位学生，最终我通过孩子们的期末成绩看到了成效。小组管理的这种模式不仅促进了每一个学生的发展，还使我们这个班集体更加完美。

　　五年级一开学，我依旧使用这样的学习模式。但这一次，不光是学习任务完成情况的评比，我们的小组管理模式，由教学上慢慢地延伸到了我的班级管理中去了。我对上一学期"小组合作学习"进行了一些改革，设立了奖励机制，充分地调动了学生的积极性，让全班同学都处于一种齐心协力不甘示弱的竞争状态中。班级每天都进行班级常规中的几项评比（卫生、课堂作业、纪律、家庭作业），一周总结一次，由小干部汇总所有的常规评比，按小组方式进行积分，比一比哪个小组一周下来得分最高，然后我会对一周的情况做更细致的总结。（注：我在班级展板中设立了小组评比的专栏，每周的周冠军都会展示在中心位置，我每周都会和"小组周冠军"进行集体合影，并通过微信朋友圈进行表彰，还会发布到班级微信家长群中；"小组月冠军"不仅可以得到"小组周冠军"的待遇，还可以获得和我合影的机会；"小组学期冠军"还有额外奖励，可以获得和我、数学老师集体合影的机会，还可以得到"最佳小组"学习用具）这样做不仅调动了学生的积极性，还培养了学生之间合作的意识，加强了组员之间"荣辱与共"的关系。

"向阳文化"引领生命起航

自从实行了量化考核之后，班级中一些"老大难"学生都意识到：一人违纪，牵连全组。于是他们常常想到自己的小组能不能按时完成任务。在绝大多数同学都具有积极上进、通力合作的心理的作用下，一些"老大难"的学生也开始能够积极地打扫卫生，甚至帮别人打扫卫生，做一些力所能及的事情了。慢慢地，这些"老大难"学生心中也树立了"班级里有我，我心里有班级"的观念。小组合作，对他们产生了一定的积极效应。

学习相对比较优异的学生也不仅仅忙于自己的事情，总是抽出时间主动帮助组内的后进生，使整组共同进步，孩子们在小组管理模式中收获了无私的人格和互助的快乐。我真的希望更多的班主任可以实行这样的管理模式，给孩子们更大的空间，让孩子们拉起手来共同进步，从而使我们的班级更加优秀。（本案例由丰台区新发地小学张静杰老师提供，有删节）

二、班级活动使学生施展才华

班级活动对于教育的意义在于活动给教育提供了一个情境。这个情境是教育发生的良好土壤，对教育的发生起到了推动作用。在班级活动中，能够让学生进一步接触、认识、比较。学生之间的交往也会更多，也更加深入，学生可以更好地与同伴进行比较，发现同伴身上的优点。学生通过班级活动的实践与人际交往，不断体验、感受，提高自己的综合素养。

【案例1】

清脆的下课铃声奏响时，伴随着美妙的音乐，孩子们开始了他们的"益智课间十分钟"活动，教室里呈现出一幅智慧、阳光、和谐的画面。孩子们三个一群，两个一伙儿，活动着，快乐着。有的在一起比拼魔方，短短的一分钟就能成功将六个面复原；有的同学当起了小老师，教会了一个个的徒弟，有的团结合作，用七巧板拼出了成语故事、歇后语故事、游戏。他们的心已完全属于这快乐的益智活动，他们的心早已沉浸在这智慧的课间十分钟了，那成功的喜悦，那团结的快乐，锻炼了他们的思维能力，培养了他们的创新意识，提高了他们的动手能力，他们的内心写满了充实，整个班级也充满了阳光和自信，充满了智慧和快乐。

益智活动看似简单，其实蕴含着无穷的奥妙及玄机。在紧张的学习之余，动手参与一些益智活动是一种不错的解压和放松方式。但是无论多么有意义的益智游戏，孩子们只要学会了，他们就会放下了，不愿再做了。随着时间的推移，兴趣会慢慢削弱。因此，作为教师，我们要引导学生不断发展、不断变化、常变常新，使孩子能拥有饱满的热情。这次班会活动，应该是调动孩子们积极性的又一个制高点，孩子们在班会上更多地了解了有关魔方的知识，展示了拼魔方的能力，展示了用七巧板拼出的与语文教学相关的多彩图案，讨论了益智课间活动带来的感受，孩子们的精彩表现赢得了阵阵掌声，博得了声声赞叹，也进一步激发了孩子们参与益智课间活动的积极性与热情。活动后，很多孩子认识到益智活动可以让课间十分钟更安全、更有意义，让同学之间更和谐、更快乐，他们享受到了成功的喜悦，享受到了充满智慧的自信，享受到了创新思维的惊喜，享受到了同学之间互相帮助的快乐。在我开始教他们拼魔方时，一个班里最腼腆的男孩是第一个学会的，而且非常喜欢魔方，成为班里的魔方吉尼斯纪录保持者，并在班会上又一次刷新了纪录。这样的活动也让老师发现了这个孩子的优势，为他搭建了大胆展示自己潜能的舞台和空间，慢慢地他有了自信，有了展示自己的欲望。这更让我坚信，作为教师，我们要不断地挖掘适合本班特点的教育因素，挖掘每个孩子的优势特点，让他们在自己喜欢的活动中学会学习、学会生活、锻炼自己、展示自我。

班会活动后，很多孩子深受启发，热情高涨。不会拼魔方的主动请教，会拼的不厌其烦地教别人，拼得好的又开始研究四阶魔方、五阶魔方等金字塔魔方的玩法，研究智力七巧板的拼法，孩子们的思维被引向了深处。孩子们的举动令我惊喜，令我震惊，更引起了我的思考。回想自己的班级文化建设的路程，曾经盲目，曾经不知所措，曾经无从下手，这次班会让我坚信，要在益智活动这一构建阳光班级的特色活动这条路上继续走下去，通过研究不同种类的魔方的拼法，将益智魔方这条路走得更宽，形成班级魔方社团；通过研究如何将七巧板与语文教学相结合，助推学生思维的发展；通过开展班级益智活动、家庭益智活动，为孩子们发展智慧、展示自我搭建更大的舞台，从而构建阳光特色的班级文化。

短短的课间十分钟，孩子们做着他们喜欢的事，做着适合他们的事，这样的阳光特色课间活动，让无限的遐想打开孩子们思维的闸门；让互相的帮助培养他们团结协作的意识，解决他们打打闹闹的问题；让积极参与调动他们学习

的热情，告别他们无事可做的"难受"，这样的活动让班级氛围溢满阳光。作为一名教师，我决定把益智活动作为具有自己班级特色的班级文化，继续深入研究、不断创新，让孩子们在更广阔的益智活动过程中去体验、去感悟、去创新，让这个阳光快乐的体验和成长空间，逐渐成为具有我班特色的班级文化。

（本案例由丰台区新发地小学王春红老师提供，有删节）

【案例2】

9月，学生刚刚入学时，结合学校开展的"亲子阅读"活动，我就指导家长和孩子同读第一本书。女生读《一年级的小豌豆》，男生读《一年级的小蜜瓜》。这两本书分别以一名刚入学的小女生、小男生的口吻，介绍自己生活和学习中遇到的趣事。学生读时能够找到自己的影子。由于书中大部分的字，孩子都不认识。我就请家长多读一读，让孩子多听一听。由于内容十分贴近孩子的生活，孩子可愿意读了。此外，家长每天还要填写孩子的读书记录表。（表中需要填写孩子读书的起始时间和所读的页码，并请一起读的家长签字。一周用一句话小结）有了家长的配合、老师的监督，孩子们渐渐能读了！偶尔有偷懒的，忘记填写记录表甚至忘记读书的，我也允许。但，会好意提醒。一段时间后，从家长填写的记录表和与家长的交谈中，我发现家长已经尝到了其中的甜头，越来越重视这项活动了。每天的语文课上我都抽出几分钟的时间，夸一夸坚持读书的孩子，讲一讲我听到的孩子和家长读时发生的故事。让孩子和家长都感受到我在关注他们。就这样，大约3万字左右的书，全班40名学生，36名在1个半月内读完。有些读得快的孩子，我就让他们找自己喜欢的书读。但要求书中字多、画少。同时，我还告诉这些孩子，是因为他们读得快，需要等一等读得慢的同学。他们听了，特别自豪！而且，通过读第一本书，孩子的识字量大大提高，在课上读课文也流利多了。

我还向家长介绍了一种购书的模式——网购。方便又便宜，不受时间的限制。家长再也不用因为没有时间陪孩子去买书而苦恼了。

学生的第二本读物是《亲爱的笨笨猪》。这本书是现代儿童作家——杨红樱写的。11月，我利用十分钟的时间给学生讲了书中的第一个故事。孩子们边听边笑，有的孩子笑得都出溜到桌子底下去了。他们爱上了这本书。不用我说，没出3天，孩子就捧上这本书读开了。这次，我提高了要求：家长少读点、孩子多读点！这本书的字数要比上一本多，我预计孩子怎么也要读一个月。可是，我们班的管之愈、刘翊航等几位同学只用了 3 天的时间就读完了。从此以后，孩子们就迷上了杨红樱。《仙女蜜儿》《最美的一课》《流浪猫和流浪狗》《淘气的马小跳》《最后的晚餐》《小蛙人游大海》《沙漠运动会》《没有尾巴的狼》《金瓜汤银瓜汤》《一只会笑的猫》《非常系列》……我给家长渗透了一种理念——选对了作者，就可以一直读下去。仅仅一两个月的时间，有些孩子把杨红樱的丛书已经看完八九本了。每天看着孩子捧着书读的样子，不仅家长高兴，我也兴奋不已！

寒假期间，我把每天阅读 15 分钟加长至 30 分钟，孩子们并没有因为时间的加长而感到厌倦。有许多孩子每天读书都超过了半个小时，早上到校、课间、中午吃完饭，随处可见孩子们读书、谈论书中故事的情景。

我发现学生们开始享受阅读。从《上下五千年》《十万个为什么》……到《格列佛游记》《海底两万里》《水孩子》《鲁滨逊漂流记》《尼尔斯骑鹅历险记》《绿野仙踪》《窗外的小豆豆》……学生们还发现了越来越多的儿童作家：孙幼军、郑渊洁……有六七个孩子开始逐渐脱离拼音，在读纯文字的书籍了。学生读自己喜欢的书时，会完全沉浸在书中的世界里，和书里的人物同喜同悲。

一学年下来，我们班 40 名学生中有 30 名学生课外书读了 10 本以上，最多的读了 50 多本。全班共读课外书 700 多本，平均每人读了近 20 本课外书。有 20 多名学生读书总字数在 50 万以上，最多的孩子读了 140 多万字。有 23 名学生在期末考试期间也没有中断每天"亲子阅读"半小时。他们已经养成了每天读课外书的好习惯。读书对于他们来说不是负担，而是一种享受。（本案例由丰台区新发地小学赵启新老师提供，有删节）

三、班级活动使学生健康成长

班级活动能够激发学生多种感官，唤醒多种情感，能够促进学生的健康成长。比如：通过班级活动，学生在诚实、爱国、感恩、尊重等思想、道德修养方面都会有进步。内向的孩子可能会默默行动，外向的孩子可能会带动周围的很多人。

【案例1】

我班在开展"走进新发地批发市场"的班级活动过程中，依托新发地批发

市场资源，开展系列的有特色的班级活动。因为社会资源的加入，使我们的实践活动更加生动，学生能够主动参与；因为社会资源的加入，使校内与校外有机整合，教师与学生家长资源有机整合，使我们的活动更加立体。

1．北京新发地批发市场与我校仅一街之隔。1988年新发地人凭借自己的聪明才智，率先在新发地办起了果蔬批发市场。历经20余年人间沧桑，新发地批发市场已成为"北京市最大的果蔬批发市场"，在全国同类市场中也有很大的影响力，被人们誉为"首都绿色航母，京城健康快车"，有着丰富的地域文化资源和先进的企业文化资源，为我们的研究提供了广泛的素材。

2．我校地处新发地批发市场附近，学校每个班都有80%左右的学生来自于外来务工人员的家庭，我现在所教班级更是有94.7%的外来务工人员子女，这些孩子大多数来自经济、社会、文化不太发达地区，他们的家长大部分都是卖菜的、卖水果的、卖水产的、卖肉的、卖盒饭的……这些丰富的人力资源为我们开展研究提供了便利条件。为此，我们以研究性学习的方式，引领学生走进新发地批发市场，开展实践活动。我们经历了如下的环节：

（1）提出问题，确定主题

在走进市场的实践活动中，同学们必然要接触社会，同时不可避免地接触到社会上的一些不良现象，会遇到诸多困难和问题，比如有些商户乱扔垃圾，还有些车辆在路边乱停乱放，堵塞交通。学生针对身边的新变化、新问题、新情况进行深入调研：市场内每天都有大量烂菜叶，这些菜叶能否集中起来进行再利用（比如饲养牲畜）；市场内的车辆越来越多，经常发生拥堵现象，能否进行类似限行的政策来进行缓解等；这些商户的工作状况是什么样的。据此，我和同学们一起从众多问题中抽取一些更有价值的问题作为我们的研究课题。

（2）参观市场，考察状况

每个小组都带着他们的研究课题，走进市场进行参观、采访。进行新发地果蔬批发市场环境研究的小组发放了大量问卷，通过数据分析我们发现，对市场的卫生环境不满意和非常不满意的接近60%；认为市场内烂菜叶烂水果为主要垃圾的占75.61%；认为造成垃圾成堆，环境脏乱的主要原因是有人不讲文明，乱扔垃圾的占65.85%。

为了让学生更加了解批发市场，我们还设计了采访市场优秀商户的活动。以小组为单位围绕着如何创业、为什么选择到新发地批发市场工作、在经营过程中如何面对困难等问题设计了采访问卷、采访提纲，明确采访时的具体分工。学生们利用业余时间到市场进行采访，他们把市场商户的经营感受、经营理念等写成文章，利用课上时间进行交流、研讨。随后，我们主动与市场营销部取得联系，请市场负责人到学校来讲解市场功能。走进市场进行参观、采访活动使孩子们增强了实践活动的能力，也了解了新发地批发市场是首都的菜篮子，是亚洲最大的农产品批发市场，了解到了哪些省份的蔬菜在这里进行销售，哪些部门在市场内忙碌地工作，市场今后的发展方向等等。

我们班每一个同学还采访了自己的爸爸妈妈，观察体验父母的每一天的工作。小洁由于学习成绩不好，经常会自卑，可是就在她真正了解了爸爸的工作之后，她变了，她在一篇日记中写道："……我不敢往下想这工作有多么辛苦、多么危险，泪水止不住地流了下来，那一刻我真正地感受到爸爸为了家里人更好地生活所付出的一切，也知道他给老家的姐姐买东西是因为姐姐在老家没有父母的照顾，用这种方式补偿对姐姐的爱。现在我理解爸爸妈妈所做的一切，所以我会刻苦学习，为了爸爸妈妈永不言弃。"

看到这篇文章，我深受感动，征得本人同意，将日记给她的父母和我班同学看了，在她的感染下，许多学生也都能从多方面了解和感受父母的辛劳。

（3）采访互动，追踪调查。

调查果蔬批发市场的孩子们为了了解这些果蔬垃圾是如何处理的，直接访问了市场的工作人员。他们了解到：针对学生的建议，市场管理部门已经做了深入的调查研究，已经有了解决的方案并且正在实施中，问题会逐步解决。原来市场内已经建立绿色垃圾处理站，并投入试运行，市场的绿色垃圾处理系统是将垃圾投入进料口经过传送分捡台把垃圾传送到粉碎机，粉碎后倒入挤压机，成为半成品肥料后进入储蓄池内储存，再加入菌料进行高温储存，一周后可成为肥料。目前，市场日处理垃圾150吨左右，产出的肥料主要用于农业和花、树等方面。新发地批发市场夏天蚊蝇多、气味难闻、环境脏乱的大问题终于能逐渐得到解决了。

调查了解商户经营情况小组的一个小男孩——小伟，他应该是我班一部分学生的代表，他写道：我的家中经常只有我自己，爸爸在南方发菜，一连两三个月都不回家，我真的很想他，我多想每天都依偎在他的怀里享受幸福，妈妈一个人在市场里卖菜还要照顾我，经常是每天中午吃完饭就到市场去，一直到

「向阳文化」引领生命起航

第二天凌晨四五点钟才回家，通过体验之后，我很难想象炎热的夏天，他们怎样忍受蚊虫的叮咬、怎样忍受酷暑的煎熬，很难想象寒冷的冬天他们怎样和严寒抗争……"这样的跟踪调查使学生学会了感恩父母。

（4）市场宣传 拓展延伸

负责宣传的小组在市场内开展宣传。为了大家生活的环境能优美整洁，倡议大家不要乱扔垃圾并要进行垃圾分类，把不能吃不能卖的烂蔬菜烂水果集中一起送到绿色垃圾处理站。同学利用放学时间在市场内发放倡议书。市场的环境有了明显的改进。学生的调查报告《新发地批发市场果疏垃圾处理的调查》在第九届北京市中小学金鹏科技论坛活动中获奖。

了解了父母每天的工作状况和经营状况后，孩子们纷纷走进市场参与其中，有的孩子和父母去卖菜、卖水果，有的孩子帮爸爸给别人修车，还有的孩子当起了家庭小主人，为全家人洗衣、做饭，他们开始去感触爸爸妈妈的生活。在不断的体验、不断的感悟、不断的对比中，许多孩子都被这隐藏在父母身上的真情深深地触动了。

总之，新发地批发市场是一个具有丰富资源的宝库，学生从实践活动中体验了研究的快乐，这里是尽显阳光少年风采的舞台！（本案例由丰台区新发地小学王春红老师提供，有删节）

【案例2】

"升国旗仪式现在开始！"听到主持人洪亮的声音，同学们个个精神抖擞，立正站好，双眼注视着前方主席台处。伴随着音乐，升旗手和护旗队的同学们迈着矫健的步伐向国旗杆走去。"起来！不愿做奴隶的人们……"庄严的国歌声响起，同学们齐刷刷地将队礼敬起，一、二年级的小同学们也用严肃的目光注视着国旗缓缓升起。所有人的目光随着国旗移动，不经意间我们的目光落在了教学楼二层的窗台口，透过玻璃窗隐约地只能看见一个小脑袋和一个不规范的队礼，双眼始终注视着国旗直到升起。那……那不是刘×吗？我们的心不禁一震。

刘×由于脑部有伤，正在观察期间，因此不能到操场上参加升国旗仪式。"老师，我想参加今天的活动。""可是你脑部的伤不允许啊，留在班中看看书好么？"看着班中的同学们一个个整装待发，刘×有些着急了，"老师……我……真的想参加。""等你伤好了，老师一定让你参加，身体可是革命的本

钱啊，没有好的身体什么活动都不能参加，不是么？"我们安慰着他。同学们排着整齐的队伍出发了，刘✕脸上的失望和无奈已经暴露无疑，渴望的目光一直看着同学们走下楼……

升国旗活动结束了，我们来到班里想找刘✕聊聊，此时刚刚参加完升国旗仪式的同学们还沉浸在那激动的场景中，学着高年级同学的样子说着表演着。"刘✕！你没有参加升国旗真是太遗憾了，你知道吗，当时在操场上感觉可好了！"班上的同学兴奋地说着。"我知道，我也参加了。"刘✕得意地说道。"什么呀，你脑袋上有伤，都不能下楼，你怎么参加啊？""我就是参加了，我还敬礼了呢！"猛然间刘✕捂住了嘴歪头看着我们，走过来说："老师我没有在班中看书，我跑到窗子边参加你们的升国旗活动了，我真的特想参加。"此时，当我们感受到孩子拥有着那样一种渴望参加升旗仪式的心情时，当我们看到孩子们像模像样地学着升国旗时护旗队同学的样子时，当我们听到孩子们那"升国旗！唱国歌！全体敬礼！"严肃认真的话语时，我们已理解了刚才我们在楼下看到的那一幕。我们笑了，笑得是那样的欣慰，笑得是那么的骄傲，摸着他的头，拍拍他的肩，我们点点头说："你是好样的！""谢谢老师！"刘✕放松了下来，学着高年级同学的样子又给我们敬了个队礼。"老师！老师你看，刘✕的队礼敬得不对。""就是这么敬的，我看高年级的哥哥姐姐们都是这样子的。""这样！这样！"在孩子们的争论声中我们萌发了一个念头：等刘某的伤好了以后再给他一次参加升国旗的机会，弥补孩子心中的遗憾……

4月27日刘✕的伤过了观察期，我们通过精心的策划，为他和另外一名同学举行了一次特殊的升国旗仪式。一样的阳光，一样的操场，一样的国旗，不一样的是刘✕是今天的升旗手，站在了国旗的旁边。"升国旗仪式现在开始！"护旗队和刘✕随着雄壮的音乐，迈着矫健的步伐，在全校师生的注视下走到了旗杆下。"起来！不愿做奴隶的人们！……"庄严的国歌声响起，鲜艳的五星红旗缓缓升起。"升国旗仪式现在结束，各班整队按顺序带回！"主持人宣布升旗结束了。"稍息！立正……！"显然作为小体委的刘✕这次的声音比往常提升了好几分贝，此时你可以听到那份自豪，那份满足。回到班中后，同学们又围在一起不停地说着当时的情景"耶！这次我可是真地参加升旗了，我还亲自把国旗升上去了呢！我好高兴啊！""老师！老师！我真的特高兴，什么时候我可以成为一名少先队员啊？我一定好好学习，成为咱们班第一名少

先队员。您知道么，当时我看着旗杆真的特别的高，我参加升国旗从来没有离国旗杆这么近过，老师！老师！您知道么……"刘×滔滔不绝地在那说啊说啊。当时的他早就忘记了上次的遗憾，似乎想一下子让全世界都知道今天是他亲自将国旗升起的，同学们向刘×投去了美慕的目光。"哎！你知道吗，你知道吗，我升旗的时候旗杆特别的……你知道吗，你知道吗，当时我特高兴……"（本案例由丰台区新发地小学杨利老师提供，有删节）

【案例3】

"下雪啦！下雪啦！"我正在上着课呢，就听见底下有孩子小声地交流着，我听见议论声歪头向操场上看去，心里想"哇！好大的雪！"看着孩子们兴奋的表情，我也随着兴奋起来。联想到我的童年，我的小学是那么快乐，下了雪去打雪仗，下了课就去操场上玩，现在的孩子就没那么幸福了，作业量不少，学的知识也很难，好不容易下场雪，有的老师还不让孩子下去玩，怕孩子把衣服弄脏了，弄湿了。我一直让孩子记住四个字，那就是"专时专用"，也就是在玩的时候尽情地玩，在学习的时候努力认真地学，孩子们也一直是这么做的。趁着今天这么大的雪，我打算和孩子们好好打一场雪仗！大课间活动我带领着班里的男生和女生来到操场上，男生一拨，女生一拨，开始打雪仗，别看女生人数少，弱不禁风的样子，但是玩起雪来那可厉害了！只见女生们组成"战队"，三个人负责铲雪，两个人负责把雪做成大雪球，剩下的女生则负责和男生ＰＫ，在操场上，雪地里，只见女生们正把男生们打得一个个落花流水，抱头逃窜，那样子真是滑稽极了！后来男生们奋力回击，女生们一个个吓得"花容失色"。操场上洋溢着孩子们的嬉笑打闹声，我也和孩子们一起"疯"，加入了"打雪仗"的队伍，看着孩子们快乐地玩耍，我也仿佛回到了童年！久违的童年，久违的大雪！2012年的第一场雪——我们爱你！

在这四年中我还组织过很多这样的中队活动，每一次的中队活动都让我和队员们一起成长。"小小拍卖会"使队员们在人多的时候也能够大胆地表达自己的想法，变得勇敢自信了。小队之间的"拔河比赛"使队员们变得更加团结了，使团队的凝聚力也更强了。"二百米接力比赛"既锻炼了队员们的身体，又圆了他们的比赛梦。"优秀周记"展示了队员们的写作才华，"班级日记"里面有队员们的小秘密，"信箱"拉近了队员和我的距离！"联欢会上的大蛋糕"现在回想起来还令我垂涎欲滴，"园博手抄报"中我看到了队员们的用心，

第五章 阳光班级——学生健康成长的家园

"感恩节"上队员们对我说的话我永远也忘不掉!

在这些中队活动中,我和队员们是平等的,关系是融洽的。队员们不仅在学习上努力、认真,在活动中的表现也是那么积极。在这一次次的中队活动中他们勇于展示自我,感受到了快乐,变得更加阳光、自信。看到队员们的成长与蜕变,身为辅导员的我无疑是最幸福的、快乐的!(本案例由丰台区新发地小学刘爽老师提供,有删节)

【案例4】

在一次升旗活动中,两名学生因为身体原因,没能到操场和全校师生一起参加升旗仪式,但他们在教学楼内却全程参与了整个升旗过程。在国歌奏响的一刹那,在国旗升起的一瞬间,他们站在窗前,和所有在现场的少先队员一起把手高高举过头顶,无比庄严地注视国旗,直到国旗升起,高高飘扬在天空……当问起他们为什么要敬队礼时,两个孩子很严肃地说:"听到国歌响起,看到国旗升起,我们应该敬礼!……"随后及时捕捉住这个生成性资源,向学校申请专门为这两名同学举行了一次升旗仪式。此次升旗活动不仅激励了这两名同学,同时教育了全校学生,越来越多的同学由衷地对国旗、国歌产生了尊重、热爱之情。

升旗主题的确定也要在升旗前做好充分准备,这是决定育德效果的关键。升旗前的准备不是彩排,不是演练,而是从学生需求出发,有目的、有计划、有组织的教育过程,是充分发挥学生主体性,使之不断获得成功体验的过程,是实现学生自我教育、自我发展的过程。

记得那次《心的交流,爱的谈话》主题升旗活动前,我班就做了充分的准备,活动前,我引导学生走进父母的生活,观察、体验父母的每一天,真正感受父母艰辛的劳动。我安排学生双休日拿出一天的时间和父母一起去工作,本以为学生会满怀好奇心地去做,可结果出乎我的预料,有的学生的体验不能坚持到底,有的学生的体验不够深刻,有的同学干脆不去体验。于是,我及时抓住发生在一个后进生身上的点滴小事鼓励他们了解自己的爸爸妈妈,有的孩子有些心动,开始尝试着走近爸爸妈妈的工作,了解他们辛苦的每一天。体验之后,许多孩子第一次为爸爸妈妈写了一封信,也有几个男孩子却不想和父母沟通或只写一两句感谢的话。于是,我决定利用升旗活动为学生和家长间搭建交流的平台,使他们能够在和谐的氛围中互相敞开心扉进行心的交流,爱的谈话。

「向阳文化」引领生命起航

升旗活动中要创设道德情感体验场。所谓道德情感体验场，就是指由所有参加升旗的人形成的一种整体的道德体验的关系情境和氛围，这种氛围可以激发参加升旗人的道德情感并使之得到升华。其主要做法：展示主题教育的过程和成果，激发学生道德情感。

在升旗活动中，要坚持全员参与的原则。这里所说的全员参与，不是一般意义的全员参加，而是每个人主动地全身心投入。升旗活动不仅全校师生要参与，根据主题教育内容，家长、社会各界也应参与进来。在展示过程中根据学生需求及主题教育内容确定国旗下讲话承担人，可以是校长、教师、学生，也可以是学生家长……

那一次，我班主持升旗活动，我要求所有少先队员的爸爸妈妈都来参加（但和父母无话可说的孩子们却没有叫自己的爸爸妈妈来），活动中加入了一个没有公开过的内容，就是让几个少先队员读他们写给爸爸妈妈的信，他们把自己发自肺腑的话语动情地读给了最亲爱的爸爸妈妈。

一个学习很不理想的孩子说道："妈妈，从小到大我都是在您的精心照顾下长大的，可是我的学习不好，经常惹您发火，为此您打过我，我也曾经恨过您。当我亲身体验您一天的工作时，我才发现您真的太辛苦了，家里的一切真的来之不易。那一天天刚亮我就起床了，我帮您把方便面、饮料以及各种小吃装在车上，推着它来到车站附近，刚开始觉得挺好玩，可是一会儿我就开始烦躁起来，一天下来腰酸腿痛。天刚黑，妈妈便收了摊。回到家里妈妈又在忙着做饭，收拾屋子，几乎看不见她休息的身影，那一刻我才真正感到妈妈您真的不容易。看到这一切，我不知道怎样去感谢您，前几天学校组织游北京游乐园，我特别想去，可就在这时候老家的爷爷病了急需一笔钱，看到您满脸愁云，我不知怎么帮助您，只是不由自主地自作主张不去春游了，还是先救爷爷的命要紧，就用春游那几十块钱表达我那份小小的感恩之心吧。"多么懂事的孩子呀，他理解父母的苦衷，懂得感恩父母，赢得了所有人的掌声。

当孩子们满怀深情地读完自己的信，台上台下的所有人都深受感动，激动的泪水夺眶而出，当《感恩的心》的音乐想起时，孩子们拿着手中漂亮的纸鹤飞向亲爱的爸爸妈妈，这一刻他们紧紧地拥抱在一起，那幸福的泪水让他们的心贴得更近了，当升旗活动之后，我们和家长坐在一起沟通时，这已经成为一种无声的激励，感恩的种子也深深地扎根在每个孩子的心中。感恩之树在我们

中队开花、结果。

升旗活动的延伸是学生在已有认知、情感的基础上落实为行为并不断提高的过程。其主要做法：升旗后及时引导学生反思，可以写升旗感受，也可以召开学生、学生与教师、学生与家长座谈会，组织专题研讨等，追踪学生思想行为的变化，强化主题教育成果；抓住生成性资源，不断提出新任务，确定新目标，使教育主题不断得到深化。通过上述方式，学生也表达出了他们的感受。

升旗仪式之后，爸爸妈妈看了自己孩子写的信，也被他们那真诚的童心深深地感动了，孩子和家长坐在了一起，畅谈感言。

一个家长说道：今天参加了这次升旗活动之后，我还真得要和孩子多交流，以前我总把他们当作什么都不懂的小孩，现在我知道了他们也有自己的思想。

又一个家长说道：我们以前太忽视自己的孩子了，孩子学习不好只知道埋怨，给予他们心灵上的关心太少了，以后我会多和孩子进行沟通。

再看看那些曾经和父母无话可说的孩子们，那些没有让自己父母来参加升旗仪式的少先队员们，他们的心情更加复杂，激动、自责、后悔涌上心头。

一个只给父母写了几句话的孩子激动地说："今天的升旗活动使我太感动了，和那些读信的少先队员比起来我太幸福了，爸爸妈妈为我创造了优越的条件，我吃穿无忧，为什么还总是埋怨呢？"

一个父母没有来的小女孩后悔地说："我真的希望再举行一次这样的升旗仪式，那时我一定让我的爸爸妈妈来参加，因为，当我看到每个少先队员扑在爸爸、妈妈的怀里享受亲情，看到他们和爸爸妈妈手拉手唱起歌时，我的眼泪不住地往下流，我也想拥有这样幸福的感觉。"

漂亮的纸鹤——真诚的童心；难忘的升旗——感情的传递；心灵的谈话——爱心的交流，这一切的一切成为父母和孩子最幸福的时刻，使他们的心更近，情更浓了，使他们的思想经历了莫大的洗礼，也触动了他们心底的温馨。作为班主任，要不断地挖掘父母这个教育孩子最好的资源，善于为孩子和父母之间搭建这种沟通理解的桥梁，调动每个孩子内心最真挚的情感，引导他们通过深刻的体验细心的感悟，用一颗感恩的心去理解父母、感恩父母，感恩身边的每个人，使理解、感恩之树常青！

我们开展的一次次升旗活动，就是学生一次次自我教育、主动反思与实践的过程，孩子们在国旗升起这一神圣时刻，感受着心灵的那分荣耀，很多孩子

都知道从身边小事做起，爱父母、爱老师、爱同学、爱班级、爱护花草树木，为国旗增光彩；努力改掉自身不足，养成良好的习惯，为国旗增光彩；遵守校规校纪，遵守阳光少年行为规范，为国旗增光彩。国旗经常会因孩子的进步在孩子的心中升起，飘扬在校园的上空。（本案例由丰台区新发地小学王春红老师提供，有删节）

阳光活动

——炫动孩子风采的舞台

第一节　践行社会主义核心价值观，争做阳光少年

我校以社会主义核心价值观为师生的精神追求，坚持立德树人，围绕学校"向阳文化"，充分发挥学校教育主阵地、主渠道作用，大力加强学生道德教育、习惯培养、价值引领，结合小学生的年龄和特点，引导学生从身边的小事做起，做到"记住要求、心有榜样、从小做起、接受帮助"，积极培育和践行社会主义核心价值观，把培育社会主义核心价值观贯穿学校教育教学全过程，实现"践行社会主义核心价值观，争做阳光少年"的育人目标。

一、加强宣传，明确"践行社会主义核心价值观"的要求

全面抓好学习培训。召开"学习贯彻十八大精神，践行社会主义核心价值观动员大会"，组织广大教师学习社会主义核心价值观，深刻领会和把握社会主义核心价值观的丰富内容和基本要求，增强宣传社会主义核心价值观的自觉性和主动性。

深入开展宣传活动。学校把宣传社会主义核心价值观摆上重要议事日程，充分利用黑板报、宣传栏、广播站、校园网、标语横幅、学校公微等多种形式和工具进行全方位、多角度宣传，掀起宣传活动的高潮，使社会主义核心价值观深入人心，广大师生人人皆晓，为推动社会主义核心价值观融入教育教学全过程打下坚实的思想和舆论基础。

上好开学第一课。2014年9月1日，学校组织主题为"践行社会主义核心价值观，争做阳光少年"的宣讲会，学校领导向全校师生解读了"社会主义核心价值观"。我们引导学生们从身边的事情做起，用实际行动践行社会主义

核心价值观。例如，"爱国"：第一，爱祖国从爱妈妈做起，爱家人、爱老师、爱同学、爱朋友，做个阳光好少年。第二，爱国家的标志（国旗、国徽、国歌等），认真严肃地参加升旗活动，好好学习，长大为祖国作贡献。第三，爱祖国的大好河山，爱家乡，爱我们的学校，爱学校一草一木、一墙一画。让师生人人知道，从身边的小事做起就是践行社会主义核心价值观。

徐学敏校长向全校学生提出希望：孩子们，作为新小的少年，你们应该努力学习，积极参与各种活动，向榜样学习，从身边小事做起，从自己做起，让自己成为一个举止文明、讲究卫生、遵守秩序、勤俭节约、尊重他人、守时惜时的阳光少年。

二、主题教育培养学生良好行为习惯

我校的育人目标是培养志存高远、脚踏实地、合作共进、悦纳自我的可持续发展的阳光少年。为了实现育人目标，我们制定了学生的十个方面的日常行为规范，包括举止文明、遵守秩序、勤俭节约、尊重他人、守时惜时、讲究卫生、诚实守信、懂得感恩、乐观自信、锻炼身体，坚持每月一个主题教育活动，其中，"举止文明"是贯穿每个月的教育主题。实践的途径：贯彻习近平总书记在海淀民族小学的讲话要求，努力做到记住要求、心有榜样、从小做起、接受帮助。以下是我们部分主题教育的情况介绍：

（一）"举止文明"主题教育活动

加强中小学文明礼仪教育，既是弘扬中华民族传统美德的需要，也是培养社会主义合格公民的必然要求，是常抓不懈的重要工作。我们认为培养小学生的文明礼仪应从文明问候做起。学校是小学生文明问候行为培养的主要场所。通过调查，我们发现我校学生在校园文明问候上存在着一些问题，因此我们将"举止文明"作为常抓不懈的主题教育活动,并且以课题研究的形式开展实践，确定了"小学生校园文明问候行为培养的研究与实践"的课题。经过一年的研究与实践，"举止文明"主题教育活动取得了突出的成效。

1.小学生校园文明问候行为要求

文明问候的行为表现，不应只停留在简单的语言问候上，还应该包括行为、表情。而且，个人卫生、仪表也是对他人文明问候的一部分，体现一个人的修

养。因为问候的对象和情况不同，文明问候用语也应该有相应的变化。老师和部分学生一起制定了《阳光少年文明问候公约》，其中有公约概述，有问候教师、同学、客人的行为要求，还有对公约内容的具体解读。

2. 教师文明问候行为标准

教师的言行对学生文明问候行为习惯的养成起着重要的示范作用，尤其当学生不懂得文明问候的具体内容或不知如何进行时，更需要老师们以规范的文明问候行为来言传身教。为此，我们全校教师自主制定了《教师文明问候行为标准》，并积极践行这一标准。

3. 围绕课题进行系统思考

我们在制订学年德育工作计划时，紧紧围绕课题进行设计，力争做到每个活动都指向课题研究，同时课题研究又促进工作得以深入开展。开学典礼活动着眼于激发学生主动进行文明问候的道德情感；节日庆祝活动，带学生们进行校园文明问候体验；班队会成为学生学习和实践文明问候的大课堂；国旗下成为校园文明问候成果展示的舞台。

4. 小学生自主参与文明问候实践

如何更好地调动学生们参与校园文明问候实践的积极性？这是我们开展此项研究和实践时着力思考的重要问题。因为只有学生们真正自主地参与其中，才能让学生将所学的规范外化在行动上，从而激发学生的实践热情，促进学生自主管理。为了让学生们积极参与到知晓文明问候规范行为的活动中来，我们组织全校的学生进行文明问候公约的竞赛。我们倡议全校学生成为校园文明问候的宣传员，自主创编"校园文明问候标识语"，增强自我教育的意识，将文明公约内化于心，外化成行。

通过研究和实践，我校德育工作的思路有所改革与创新，教师观念有了很大转变，"全员德育"的意识和工作格局已经形成，学生主动文明问候的意识增强了，学生校园文明问候行为习惯基本形成。

（二）"遵守秩序"主题教育活动

遵守秩序是我们每个人的基本义务。公共秩序关系到人们的生活质量，也关系到社会的文明程度。一名高素质的人，遵守秩序不是被迫，而是其人生的一种素养，是在其身上发光的一种美德。社会因有秩序而文明，人因守秩序而具有品位。我们号召同学们，从自我做起，从身边的小事做起，把遵守秩序落

实到每一个人的言行上。让我们争做遵守秩序的阳光少年，共创文明校园，展示新发地小学学子的风采！

各班级引导学生们寻找"遵守秩序"的榜样，确定学习目标。全校学生根据《阳光少年日常行为规范》中"遵守秩序"的要求进行实践。要求孩子们每天问问自己五个问题，每周进行自我评价。五个问题是：今天，我佩戴红领巾（或队徽）了吗？今天，我课间、就餐遵守秩序了吗（没有追跑打闹，上下楼轻声慢步，靠右行）？今天，我有序排队、安静就餐、节约粮食、爱护学校的公共财物了吗？今天，我上操、上下学排队等做到快静齐了吗？今天，我遵守公共秩序了吗（红灯停，绿灯行，不乱穿马路，不在马路上追跑打闹；过路口，注意避让车辆；购物、上车时自觉排队，不插队，在公共场合不大声喧哗）？

学校利用广播对这方面做得好的同学进行表彰，为全校其他同学树立榜样，积极营造"改一改"的良好氛围，引导学生知道：在遵守秩序方面如果做得不好，要虚心听取意见，受得了批评，在知错就改、越改越好的氛围中健康成长。

（三）"勤俭节约"主题教育活动

我校号召全校师生行动起来，开展"节水、节电、节粮"教育实践活动。师生们一起制定了新发地小学《勤俭节约行为规范》，对照规范的行为标准，学生们每天问自己五个问题：我今天爱惜学习用品了吗？我今天珍惜粮食了吗？我今天节约水电了吗？我今天爱护自己、他人、集体的财物了吗？我今天乱花钱了吗？

我们欣喜地看到，校园里浪费的现象越来越少，随手关灯、关紧水龙头、光盘行动等行为让"节约"在学校里蔚然成风。10月31是"世界勤俭日"，学生们还用手抄报展示了勤俭节约的教育活动成果。

我们会将这一优良传统继承和发扬，珍视有限的资源，抵制过度的消费，从自己做起，从一点一滴做起，为社会的进步、国家的发展、世界的和谐做出不懈努力！

（四）"尊重他人"主题教育活动

据新发地小学的德育工作计划，我们将11月定为"尊重他人"主题教育活动月。我们制定了"阳光少年尊重他人"的行为规范，内容为：耐心听他人说话，不随便打断他人说话；用心听对方说话，不要一边听一边考虑自己的事；

第六章 阳光活动——炫动孩子风采的舞台

听到别人的批评时，不要激动，平静地听他把话说完；不打扰别人的学习、休息、工作和生活，一旦妨碍了他人要及时道歉；未经允许，别人的东西不乱动；利人利己，用过的东西放回原处。

全校各班积极开展"尊重他人"的主题教育活动，老师引导学生们在评价中进行自我教育，不断改进自己的言行，争取每天都有新的进步，践行"日新日进"的校训。各个班级充分利用教室文化对学生进行"尊重他人"的教育。学生们设计了"尊重"为主题的手抄报。手抄报呈现了孩子们对"尊重"的理解与感悟，展现了各班"尊重"教育的成果。

11月27日是"感恩节"，各班级结合节日召开了主题队课，将"尊重"教育不断深化。孩子们一起回忆了父母、教师、同学、朋友等周围的人给予自己的关心和爱护，一件件、一桩桩，都生动如昨日。每个孩子读着父母写给自己的信件，动情之处不禁声音哽咽，参加活动的家长也轻轻拭泪，浓浓的真情将在场的每一个人融化。

尊重是一种美德，也是对感恩的一种表达，是美丽与品德的结合。让我们都怀着一颗感恩的心，尊重他人，尊重世间万物，用尊重播下善良的种子，共建我们美好和谐的生存环境。

新发地小学阳光少年日常行为规范

内　容	日常行为规范要求
举止文明	（1）热爱祖国，升国旗奏国歌时自觉肃立。 （2）见到老师、客人主动微笑问好。 （3）自觉使用"请""您好""谢谢""对不起""再见"等礼貌用语。 （4）在接受别人的帮助时，要微笑着向别人致谢。 （5）向别人请教，态度要诚恳。 （6）不打架，不骂人，公共场所不喧哗。 （7）不给同学起绰号，不歧视身体有残疾的同学。 （8）当同学答错问题时，不起哄、不嘲笑。 （9）集合做到"快、静、齐"，观看比赛文明喝采。
尊重他人	（1）耐心听他人说话，不随便打断他人说话。 （2）用心听对方说话，不要一边听一边考虑自己的事。 （3）听到别人的批评时，不要激动，平静地听他把话说完。 （4）不打扰别人的学习、休息、工作和生活，一旦妨碍了他人要及时道歉。 （5）未经允许，别人的东西不乱动。 （6）利人利己，用过的东西放回原处。

内容	日常行为规范要求
诚实守信	（1）诚实守信，说了就要努力去做。 （2）答应的事确实难完成的，应向对方说明原由，用诚挚的态度向对方表示歉意。 （3）借了别人的东西要按期归还，说话要算话。 （4）自己做错了事情要勇于承认，积极改正。
守时惜时	（1）晚上按时睡觉，早上按时起床。 （2）放学后按时回家，不在马路上溜达玩耍。 （3）回家后，及时完成老师布置的作业，当天事当天毕。 （4）做事有计划，不盲目、不拖沓。
懂得感恩	（1）听从父母、老师的教诲，不顶撞父母、老师。 （2）体会父母、长辈的艰辛，主动给老人洗脚、捶背、夹菜等。 （3）主动替父母干一些力所能及的家务活。 （4）好好学习，努力提高学习成绩，报答父母的养育之恩。 （5）不跟父母提出过分的要求。 （6）外出、归来都主动和父母打招呼。 （7）要尊重环卫工人、交通警察的劳动。 （8）对帮助过自己的人要心存感恩，并用主动帮助他人的方式表达感恩。
勤俭节约	（1）爱惜学习用品，不在课本上乱写乱画，不随便撕扯作业本。 （2）不随便向家长要钱，不乱花钱买零食、玩具等。 （3）珍惜粮食，不挑食，不浪费饭菜。 （4）节约用电、用水，做到人走灯灭，水龙头用后随时关紧开关。 （5）对自己、他人、集体的财物要爱护，轻开关门窗，轻拿轻放物品。不在桌子上、凳子上乱写乱画乱贴。
遵守秩序	（1）每天佩戴校牌和红领巾（或队徽）。 （2）上下楼梯，轻声慢步，靠右边行。 （3）上下学排队，红灯停，绿灯行，不乱穿马路，不在马路上追跑打闹。过路口，注意避让车辆。 （4）购物、上车时自觉排队，不插队，集会时按指定位置就座。在公共场合遵守纪律，不大声喧哗。 （5）爱护学校、公园花草树木和公共设施，不乱踩绿地，不随手折花枝，不乱涂乱画。
乐观自信	（1）每天高高兴兴来上学，把笑容常挂在脸上。 （2）凡事要努力，相信能够做到更好。 （3）遇到困难，积极想办法解决，不放弃。 （4）能正确认识自己的优点与不足，发扬长处，改进不足。 （5）敢于发表自己的见解，乐于与他人交流。

第六章　阳光活动——炫动孩子风采的舞台

内容	日常行为规范要求
锻炼身体	（1）积极参加集体活动和课内外文娱、体育科技活动，做好"两操"。 （2）学习运动常识，做好自我保护。 （3）在运动中要听从指导教师的安排，在活动中不做带有危险性的动作，不参加危险性较大的活动。
讲究卫生	（1）勤洗澡洗头，勤换衣服，睡前刷牙、洗脸，身体无异味。 （2）勤洗手，饭前便后洗手。勤剪指甲。每周至少剪一次手、脚指甲，不留长指甲，保证指甲缝隙中无污物。指甲上保持洁净，不涂指甲油。 （3）男生留学生头，头发长度不能超过耳朵，最好留寸头，每一个月修剪一次。女生长发梳理整齐，刘海儿不能过长，短发梳理整齐，经常修剪。不留特殊发型和成人人发型，如：不烫发、不染发；男生不留小辫儿、朋克短发、飞机头等成人人发型。 （4）着装符合学生身份，不穿奇装异服，经常清洗、更换衣物，保持洁净。保持鞋子和袜子的洁净，袜子每天清洗更换，鞋至少一周刷洗一次（若脚出汗及时清洗更换）。不佩戴成人的配饰，如戒指、耳环、项链、手链等。 （5）爱护环境，不随地吐痰，不乱扔杂物。见到废纸等垃圾物要主动捡起放到垃圾箱里。 （6）不在墙壁上乱写、乱画、乱贴、乱挂。 （7）不在小摊上买零食，不吃变质食物，不喝生水。 （8）自己的事情自己做，自己整理、清洗书包、收拾房间叠被褥，自己洗衣物。

三、丰富多彩的活动引导学生践行社会主义核心价值观

（一）新发地小学学子们的"印象中秋"

为了让学生用心感受中国传统节日中秋节的文化氛围，我校发起了"印象中秋"的活动，全校学生用画笔，用文字描绘出自己眼中、心中的中秋节。

一、二年级的学生用画笔描绘中秋节。在他们眼中，中秋节是一家人欢乐的聚餐，是拉着爸爸妈妈的手共赏圆月，是又圆又大的月亮和可爱的小白兔，是美丽的嫦娥奔月……

三至六年级的学生用多彩的手抄报展现了他们心中的中秋节。他们知道了中秋节的来历，了解了中秋节的故事，学习了中秋节的诗歌，写出了过节的感受，表达了对大家节日的问候……

一幅幅绘画，一张张手抄报记录下新发地小学学子们对中秋节的印象。这印象让我们深深地体会到孩子们对中秋节的喜爱，对节日的向往，对节日文

化的理解和感受……"印象中秋"让孩子们成长！

（二）"扬中华军威，展少年风采"军训活动

2014年9月11日下午，丰台区新发地小学开展了"扬中华军威，展少年风采"主题军训活动。北京卫戍区特警六团的解放军战士走进新发地小学对同学们进行了军事训练。

训练活动分为两个环节，首先由特警战士进行队列示范表演。战士们精神抖擞的表演，赢得了同学们的阵阵掌声，使同学们感受到了中华军威的震撼，为第二环节的军训提振了士气。第二个环节，特警战士来到各个班级，对同学们进行队列训练。战士们是多么负责，一个动作一个动作地进行示范指导；同学们是多么认真，每个动作都力争做到最好。

新发地小学的阳光少年们，通过九月份的队列训练（队列训练是新发地小学每年九月份组织开展的传统体育项目），在身体素质、组织纪律性、团队精神、意志品质等方面都会得到锻炼。

（三）"今天我入队，争做阳光少年"建队日主题活动

2014年10月13日上午，新发地小学学生、教师欢聚在操场上，召开"今天我入队，争做阳光少年"主题少先队大队活动，庆祝中国少年先锋队建队65周年。

二年级的学生胸前佩戴上了鲜艳的红领巾，我校少先队大队又增加了227名少先队员，队伍更加壮大。二（5）中队张馨元同学代表新队员讲话。她表达了自己戴上红领巾后激动的心情，并代表所有新队员在队旗下郑重宣读承诺：爱学习、爱劳动、爱祖国、遵守纪律、举止文明、勤俭节约……争做一个优秀的少先队员。每一个新队员脸上洋溢着自豪的神情。

徐学敏校长为活动致辞，向全体辅导员和少先队员们表达了节日的祝贺，并提出殷切期望，激励少先队员们和辅导员老师们争做阳光少年、阳光教师。

（四）新发地小学"和平的旗帜"绘旗展

第六届"和平的旗帜"世界儿童呼唤和平绘旗展览，于2014年10月18日至24日在北京举行。此次展览以热爱大自然、保护环境、放飞梦想为主题，号召孩子们行动起来，畅想世界和平的主旋律。

我校积极组织三至六年级学生全员绘旗。孩子们用多彩的画笔尽情描绘心中向往的美丽世界，一面面富有创意的旗帜凸显了世界和平的主旨。9月21

日是世界和平日，学校组织学生进行绘旗展。

此次活动充分展现了我校学生们绘画的创作力。孩子们借助画笔表达了自己的美好心愿，和平鸽、橄榄枝、地球、双手……这些象征着和平的符号在孩子们的创作中熠熠生辉。他们用一颗颗纯洁的心和行动表达了自己对世界和平的期盼。

（五）"向阳书院"启动仪式

新发地小学"向阳书院"位于学校教学楼四层东侧，历时3个月的建设，于2014年11月落成。书院定位为中国传统特色的现代书院。2014年12月1日，新发地小学隆重举行"向阳书院"启动仪式。学校的全体教师及各年级学生代表参加了此次活动。

徐学敏校长致辞，她期望新小的师生都能捧起文学经典，与知识为友，与大师为友，与真理为友，坐下来静心阅读，使新小处处书香四溢。徐校长和学生代表为新发地小学"向阳书院"揭牌。书院里响起了热烈的掌声，师生们脸上洋溢着幸福的笑容。

学生代表向全校师生发出倡议："让我们走进书院，让丰富的经典文化伴我们度过每一天；让我们多读书，读好书，让读书成为我们一生的习惯。"书院的阳光志愿者代表郑重承诺：我们是"阳光书院"的主人，我们会热心书院的管理，热情为师生服务，爱护书院的每一本书，争当博览群书的阳光少年……

最后，全体师生齐诵《少年中国说》："少年智则国智，少年富则国富，少年强则国强……"这令人振奋的词章必能激励新小师生不懈努力，积极践行社会主义核心价值观，携手再创佳绩。

（六）新发地小学教室文化大比拼

教室是学生学习生活的主要场所，是培育学生良好品质的沃土。新发地小学充分利用教室文化引领学生践行社会主义核心价值观。

教师们结合学校的教育主题和班级学生的实际，充分利用教室内的展板布置有关内容，其中有规定的内容（社会主义核心价值观、主题教育评价等），也有创新班级管理的设计（班训、班歌、读书园地、作品园地等）。

别具匠心的展板全方位诠释了学校的"向阳文化"，呈现了学校、班级的主题教育活动的成果，展现了阳光少年们的风采，凝聚了教师和学生们的智慧，引领学生们将社会主义核心价值观落实在实践中。

（七）新发地小学"剪纸说民族，我的祖国我来颂"剪纸展

为了庆祝新中国六十五周年大庆，我校向阳花剪纸社团举办了"剪纸说民族，我的祖国我来颂"剪纸展活动。

剪纸社团的学生们经过一个月的设计、剪刻，完成了70余幅剪纸作品，以此庆祝新中国六十五周年大庆。

学生们以我国五十六个民族人物为创作题材，借助人物的服饰、舞蹈、乐器等突出民族特点，展示多姿多彩的民族风。每幅作品旁边配以民族知识的介绍，图文相结合，让全校师生在欣赏作品的同时增长了民族知识，激发爱国之情，潜移默化地受到爱国主义教育。

四、课堂教学践行社会主义核心价值观

我校各学科充分发挥课堂教学主阵地、主渠道作用，有计划地从不同角度与不同方面渗透社会主义核心价值观教育，营造有利于学生健康成长的和谐环境，培育和践行社会主义核心价值观。

1. 多方合作制定"阳光课堂行为规范标准"

对教师的要求：尊重、信任、鼓励

对学生的要求：尊重、自信、合作

2. 通过国家课程的教学，践行社会主义核心价值观

通过品德与生活，品德与社会课直接进行社会主义核心价值体系的教育，以"核心价值"统领学生的价值取向。

挖掘各学科教学内容中隐含、渗透社会主义核心价值观的材料，进行直接或间接的教育，使学生形成社会主义核心价值观。

3. 通过地方课程的教学，践行社会主义核心价值观

我校充分挖掘地方课程的教育资源，引导学生践行社会主义核心价值观。《我爱丰台》《我们的城市》《中小学专题综合教材》等地方课程的教学过程中，教师引导学生通过调查了解，感受祖国的飞速发展，树立社会主义核心价值观。在诵读国学经典读本的教学过程中，引导学生体会祖国的灿烂文化，热爱优秀民族传统文化，培养学生的爱国主义精神。

4. 积极开发校本课程，践行社会主义核心价值观

我校根据学生需求开发了6类18门必修校本课程和37门选修类校本课程，其中包括体现中华传统文化特点的剪纸、空竹、民族舞蹈等。

例如，我们的剪纸校本课程。剪纸校本课程在我校已有二十几年的发展历史。此课程在教授基本技法的基础上，重在培养学生的审美能力、创新精神、实践能力，传承中国的优秀传统文化。

五、丰富的综合实践活动中培育和践行社会主义核心价值观

我校毗邻新发地批发市场，我校百分之七十左右的学生家长在市场经商。我们充分挖掘、利用这个资源，进行了《利用新发地批发市场资源，构建特色的综合实践活动》的课题研究。教师们带领学生们走进新发地批发市场。3~6年级孩子进行市场采访、调查、考察、参观等实践研究。通过开展有关批发市场方方面面的探究、学习活动，培养孩子懂得感恩、吃苦耐劳、勤奋好学、刚正勇敢、诚实守信、开拓创新、敢为天下先的优良品质，激发孩子们热爱新发地、参与建设新发地的热情，并使孩子们学会感恩、学会研究、学会学习、学会合作、学会生活，从根本上促进学生的人文素养的形成和提高，为孩子一生奠基。

我们还组织学生走进科技馆、抗日战争纪念馆、自然博物馆、海洋馆等，进行丰富的综合实践活动，在活动中对学生进行品行教育、思想引领。

另外，我们还以各种节日、宣传日、纪念日等为契机，组织学生开展道德实践活动，把社会主义核心价值体系融入活动中。如，利用九一八事变纪念日、国庆节等纪念日培养学生的爱国情怀；利用教师节开展感恩教育活动；利用消防安全日进行安全教育；中秋节开展中国传统文化教育等等。

充分利用开学典礼和周一升旗仪式，以"我为国旗增光彩"为主要形式，展示践行"社会主义核心价值观"的成果。每一个学生都能成为升旗手、护旗手，每一个学生都能站在国旗下进行展示，为国旗增光彩。

总之，在这些形式多样、内容丰富的实践和活动中，师生们都经受了一次次核心价值观教育洗礼，我校形成了良好的学习和实践社会主义核心价值观的良好氛围。在今后的工作中，我们会将社会主义核心价值观教育与我们的各项工作紧密结合起来，创新工作思路，创新工作形式，努力开创我校践行社会主

义核心价值观的新局面，积极培养阳光少年，为祖国的美好未来不懈努力。

第二节　展阳光体育运动，炫阳光少年风采

学校体育工作是学校工作的重要组成部分，也是实施素质教育重要渠道之一。我校始终坚持健康第一的指导思想，认真贯彻《学校体育工作条例》，加强对学校体育工作的领导，立体筹划体育工作，将"我运动 我健康 我快乐"的理念融入到师生的各项体育活动中。

一、建章立制，规范管理

（一）建立了以校长为首、副校长主管、正副班主任协助管理、体育教师具体负责的全员体育的学校体育工作管理体制。

（二）在全员参与下进一步明确了学校体育工作思路、工作目标、工作要求。

工作思路：以每个学生发展需求为核心，以每个教师发展需求为桥梁，积极开展丰富多彩的体育活动，促进学生身心健康发展。

工作目标：将学生培养成为"懂得运动方法、掌握体育运动技能、养成运动习惯的阳光少年"。

工作要求：常规工作有创新，重点工作有突破，特色项目有发展。

（三）不断完善学校体育工作的各项规章制度。如体育课课堂常规、体育课教学常规、体育器材管理制度、阳光体育运动类校本课程开发制度、体育教师评估与奖励等。

（四）重视每学期体育计划的研究、制定。每年寒假和暑假，领导小组成员都要认真学习《学校体育工作条例》，并针对学校具体情况，依据上级体育工作精神认真制订学校体育工作计划，开学前一天组织全体教师学习讨论，明确新学期学校体育工作的重点内容和工作目标，争取全体教师的支持。

二、保证质量，夯实基础

（一）严格执行义务教育阶段的课程计划。坚持1~2年级每周4节体育课；

3~6年级每周3节体育课;同时,我校1~6年级每周还增加了一节校本课程。我们从建立常规管理机制入手,定期检查教师的教学常规工作,从体育教师的备、上、研、训等方面对教师的体育教学的常规进行了规范。其中主要对体育教学的课前、课中、课后反思做了明确具体的要求,课前教案规范,课后每一节课都要有课后小记,并加大监控力度,保证上好每一节体育课。

(二)为满足教师发展需求,提高教育教学水平。学校克服人员和经费困难支持体育工作;支持并要求体育教师积极参加各级各类教师培训。如为了提高学生对体育的兴趣,改革课堂教学方式和学习方式,我们派崔国军、赵颖两位老师参加耐克公司赞助、市妇联和区妇联组织的"让我玩"体育项目培训。此培训活动持续了一年半,不仅对教师进行了理论培训,而且还组织了多层面的小篮球、小足球竞赛活动。我校的男女小足球队在北京市八区县参加的比赛中,获得了男女双冠军;小篮球队在我区8所学校比赛中也获得了第一的好成绩,我校还在北京市作了经验介绍。培训活动不仅提高了两位教师的业务能力,而且增强了他们的工作信心,促进了我校阳光体育类校本课程的开发。

(三)发挥教师优势资源,开发校本课程,满足不同学生的发展需求。教育的宗旨是服务,服务的主要对象就是学生。那么教育是通过什么实现它的服务宗旨的呢?我们认为是课程,教育就是通过学校提供课程促进学生发展,并使其更为幸福的一种特殊的精神性服务。基于这种认识,我们不仅重视国家课程的落实,为了满足每一个学生的需求,还要重视地方课程、校本课程的开发。校本课程的开发及实施,必将促进教师更新资源观、教学观,带领学生进入一个丰富、新奇的学习世界;必将给学校的特色发展、教师专业的发展、每个学生个性的发展提供新的舞台。

我们充分挖掘学校的优势资源,特别是教师资源,组织教师深入开展校本教研,积极开发阳光体育类校本课程。现在我们发挥原北京女子足球队队员赵颖老师的特长开发了小足球校本课程;依据孩子成长需要开发了小裁判校本课程(常保老师负责);依据崔国军老师的篮球特长开发了小篮球校本课程,另外,崔老师自己本身喜欢抖空竹这项运动,在学校原有的资源优势基础上,开发了空竹校本课程。这些校本课程的开发,不仅满足了孩子们的兴趣爱好,丰富了他们的体育活动,使他们掌握了专业技能,同时寓教于体,孩子们的集体荣誉感、合作意识、公平公正的做事态度都得到了大大的加强。现在学校每年

组织的队列会操比赛、运动会，以及各类单项比赛，裁判队伍里都会看到众多孩子的身影，孩子们真正成为了学校的主人。"平等全纳，让阳光洒满每张笑脸。"的学校办学宗旨在体育工作中落到了实处。

三、开展体育特色品牌活动，保证学生每天锻炼一小时

（一）晨走——唤醒每天精气神

每天早晨学生来到学校第一件事不是进教室上早读，而是由值周老师和值周学生组织学生背着书包在操场上有秩序地负重行走，每人 600 至 1000 米，锻炼的时间由学生到校时间而定，每天学生进行晨走活动从十分钟到四十分钟不等，这样的锻炼安排不仅增加了学生的锻炼时间，而且也有利于早晨对学生的安全管理。

（二）课间操——一道亮丽的风景线

课间操不仅是学校体育工作的重要组成部分，而且也是反映学生精神风貌的一个窗口，因此学校必须下大力气抓好课间操，必须通过课间操反映学校的特色，使之成为学校的一道风景线。在课间操上，校长亲自抓，精心组织、精心编排，与学校整体工作相结合。我校的课间操分为五章，第一章"与经典为伴，做阳光少年"，将国学、国术相结合，结合我校打造书香校园、国学经典诵读活动，对学生进行优秀民族传统文化教育；第二章"七彩阳光，希望风帆"两套系列操；第三章"舞蹈总动员"，我校舞蹈教师自主创编了《小苹果》《倍儿爽》《嘻唰唰》《疯狂跳跳舞》《兔子舞》等多个舞蹈，锻炼孩子协调性的同时，孩子们也体验到了运动的快乐；第四章"快、快，动起来"学生抖空竹自由活动（学校特色体育活动）；第五章"休息、休息一下"与"隐形的翅膀"等整理操、放松操。我们陆续增加了队列训练内容，配合着体育测试，体育老师们还创编了《素质操》。这些丰富多彩的运动，既锻炼了孩子们的身体素质，又磨炼了孩子们的意志品质。每天的课间操都是孩子们最开心的时候，每周孩子做操及活动内容都不重复……我们力求使课间操不仅成为我校体育工作的窗口，而且成为展现我校学生风采的一道靓丽的风景线。

（三）体育课——扎实掌握运动技能

我校根据所制订的体育教学工作计划，结合教学的实际情况上好每节课。

针对学生年龄及运动特点，我校制定了体育课上年级跑步制度并制定了详细的方案。例如，体育课第一项任务就是跑步，一年级跑三圈，二年级跑四圈……一年四季都如此，孩子们长期坚持跑步，身体机能普遍很好。2013年，我校一至六年级的舞蹈课上又增加了柔韧性的练习，既锻炼身体机能，又避免孩子们在运动中受伤。

（四）大课间活动——欢乐的海洋

体育大课间活动是体育课的继续和延伸。每个学期，我校积极开展丰富多彩的大课间活动。全校师生真正将"健康第一"的理念贯彻在学校日常的体育工作中。大课间活动的开展，既锻炼了同学们的身体素质，同时也培养了同学们的团队意识，融洽了师生关系，已成为学生们强身健体的多彩舞台，身心放松的快乐驿站。大课间活动不仅在时间上得到保证（每周二、三、四三天的课外活动一小时），而且其内容丰富多彩，能调动学生的兴趣，调动他们参加体育锻炼的积极性，培养他们的参与、竞争意识。同学们在大课间活动里跳绳、打篮球、玩呼啦圈、打羽毛球、踢毽……在老师的组织、参与下，孩子们有序、有趣进行活动，欢声笑语充满了校园。

（五）每月一赛事——弘扬体育精神

为了调动孩子们运动的热情，提高全体学生的身心健康水平与社会适应能力，弘扬博大精深的体育精神，我校每学期开学前都会设计、安排学期体育赛事，月初公布赛事方案，月中、月末进行比赛。如9月队列会操比赛，10月抖空竹比赛，11月跳绳、踢毽比赛，12月冬季越野比赛，1月拔河比赛。近两年我们还不定期地搞小篮球比赛、小足球比赛。这些竞赛活动已成为学校体育传统项目。每次比赛前，体育教师认真制订规程，充分利用课外活动时间配合班主任老师组织学生训练，比赛中注意培养学生高尚的体育道德。为了调动每位教师教育、督促学生参加体育活动及组织体育活动的积极性，我们把各级各类体育竞赛、校体育活动纳入绩效考核项目中，并把教师在其中的投入程度和取得的成绩作为每年评先的依据之一。

我们以孩子们最喜欢的运动会为载体，长期以来一直坚持一年举办两次运动会，春季举办综合运动会，通过入场式培养学生的集体荣誉感、团结向上的精神，2009年我们紧紧围绕学校重点工作"国学经典诵读活动"，成功举办了"炫经典风采，展阳光运动"综合运动会。2011年我们开展了"展新小阳光体育运动，

炫五湖四海少年风采"运动会。我们打破年级、班级界限，以各省市自治区组队，成功地举办了"新小全运会"。在准备过程中，他们深入了解家乡、认识家乡，入场式上，尽情赞美家乡、展示自我。通过不同地域文化的融合，增强了孩子们民族大家庭的凝聚力、自豪感，使孩子们懂得爱祖国要从爱家乡做起。

（六）体育社团——快乐驿站

我校充分挖掘每位教师的优势资源，结合学校的情况与学生年龄特点，开办了向阳花啦啦操社团、向阳花爵士舞社团、向阳花拉丁舞社团、向阳花民族舞社团、向阳花足球社团、向阳花篮球社团、向阳花空竹社团、向阳花跆拳道社团、向阳花田径社团等。去年我校向阳花田径社团的孩子们代表学校参加丰台区越野赛，取得了全区第八名的好成绩。孩子们在参与的过程中，寻找到了运动的快乐。

四、认真执行《国家学生体质健康标准》，做好测试工作

（一）加大宣传，提高认识。为了做好学生体质测试工作，学校加大宣传力度，要求每位教师都要知晓此项工作，并配合体育教师完成好测试。将测试成绩与学分和学生的体育课成绩挂钩，与评选阳光少年相结合；与体育教师及班主任的工作业绩挂钩，这一工作得到了教师和学生高度的重视，也充分调动了师生的主动性和积极性。

（二）认真做好数据分析，撰写分析报告。数据分析结果表明，我校学生体质健康状况接近良好水平。良好和及格人数多于优秀和不及格的人数，处于正态分布。但从学生的日常表现看，学生比较抵触耐久性训练，因此在教学中，我们加强了耐力项目的训练，进一步提高学生心肺功能，培养学生的意志品质。

（三）家校协作，促进学生健康。我们及时将学生的体质健康测试结果反馈给每一位家长，针对个别孩子的情况，我们还要和家长进行个别沟通。为了赢得家长的理解和支持，我们还经常请家长参加我们的体育活动，如亲子运动、课间操展示、抖空竹比赛。上学期，我们还开展了亲子仰卧起坐、坐位体前屈、跳绳等三项体育项目的活动。体育教师负责教给学生与班主任运动的方法，他们还把动作要领一一分解，拍成视频给家长。学生和家长每天回家都要进行体育运动，每周都要向班主任反馈锻炼情况，班主任每周都要向负责体育工作的副校长汇报情况。

第三节　缤纷社团，奠基精彩人生

中央教育工作会议明确提出："要全面实施以德育为中心，以培养学生创新精神和实践能力为重点的素质教育，而建设富有创造性、具有鲜明特色的校园文化能够催人奋进，甚至对人的思想和精神产生深远影响，是学校实施素质教育的重要组成部分，进一步加大力度，强化校园文化建设，以更丰富的内容和更加新颖的形式推进德育工作的新发展，全面提高小学生的文化素质和道德水准，以适应新世纪对人才的要求和需要"。因此，我校向阳花社团的开设就成为孩子们展现风采的大舞台，每个孩子都精彩绽放。

向阳花社团是学校教育的重要组成部分，是实施素质教育的重要组织形式，具有其他形式的教育所不可替代的育人功能。

一、精品社团，彰显个性

为促进学生全面发展和个性发展，丰富校园生活，培养学生兴趣、特长，学校在学生文化建设中非常重视学生社团的建设，依据学生兴趣及教师特长开设了二十个校级社团。现在向阳花合唱社团、向阳花管乐社团、向阳花魔方社团、向阳花舞蹈社团、向阳花剪纸社团、向阳花空竹社团、向阳花书画社团等深受孩子们喜爱，已成为学校的精品社团。孩子们积极参加各级组织的各项比赛活动，并取得优异成绩。孩子们积极参加各种展示活动及对外交流活动，受到高度的赞誉。

为了加强对社团的管理，我们制定了"向阳花社团活动方案"。在社团建设上，我们突出自主性，鼓励孩子们自愿结成社团，把它作为自我教育的阵地。

我校社团发展到现在已有二十多个精品社团，每个孩子都在自己擅长的方面有所发展，彰显个性。

新发地小学向阳花社团活动一览表

序号	社团名称	社团教师	序号	社团名称	社团教师
1	向阳花合唱社团	田会莲	12	向阳花足球社团	赵颖 常保
2	向阳花京剧社团	梁军	13	向阳花心理剧社团	李连
3	向阳花舞蹈社团	贾瑞丽	14	向阳花衍纸社团	黄雅新
4	向阳花舞蹈社团	赵晓蕾	15	向阳花科技社团	张扬 孔宗玲
5	向阳花管乐社团	蒋鹏			魏新 张延 王彪
6	向阳花田径社团	薛洪波	16	向阳花电脑绘画社团	赵迪
7	向阳花空竹社团	崔国军	17	向阳花信息技术社团	汪伟
8	向阳花跆拳道社团	张萌萌	18	向阳花英语剧1社团	杨博云 吴伟 方芳
9	向阳花健美操社团	李学青	19	向阳花英语剧2社团	贾永玉 代俊 李霞
10	向阳花剪艺社团	薛艳红	20	向阳花小主持社团	李晓燕 刘杰
11	向阳花书画社团	梁文山	21	向阳花摄影社团	高腾腾

二、自主社团 放飞梦想

学生自主社团是学生实现社员的共同意愿和满足个人兴趣爱好、自愿组成的，并按照其章程开展活动的群众性学生组织。小学生自主社团是依据办学宗旨和育人目标而建立的，是校园文化建设的重要载体，也是学生发展的重要组织形式。

为了使我校的课外活动更加丰富多彩，为了让每一个阳光少年绽放光彩，在学校的倡导下，学生自主创建了二十多个班级社团，同学们自己担任社团团长，自主组织开展丰富多彩的向阳花社团活动，在组织和参与这些社团的活动的过程中，同学们的视野更加开阔，个性特长得到发展，情操得到陶冶，思维得到启迪。在这些活动中，社团团长们的组织能力和表达能力能够得到提高，同时，更多的同学也能参与到自己喜爱的活动当中来。以上社团的成立保证了

每个孩子都有机会参加自己喜欢的社团活动，使他们在社团活动中得到自我教育，实现自主发展。最终，活跃我们的校园生活，促进良好学风和校风的形成。

当然，我们学生组建的社团跟老师带领的社团有一定区别，但也需要有明确的要求和制度。首先，由 3~6 年级的学生向班主任老师申报自己想组建的社团名称，经班主任老师认可后由年级组长统一向德育室上报组建的社团和团长名单。然后，社团的团长主持设计本社团的招募海报，由学校统一安排时间，采用现场招募的形式，发动学生自主报名参加社团，充实社团人员，壮大社团力量。最后，由团长组织选举本社团的副团长，各社团制订社团活动计划和制度，根据学校统一安排在周三下午开展活动，并做好活动记录，留存好各种图片、音视频资料。

组建学生自主社团的要求：

第一，社团团长必须是 3~6 年级的学生，有一个特长，自愿成立社团。

第二，团长要有一定的组织能力和表达能力。

第三，学生个人社团招生范围要求有 60% 以上为不同年级的同学，同时，一个社团中同班同学不得多于 2 人。

第四，自建社团至少 3 人，最多 20 人，特别优秀的可逐级申请更多社员。

第五，学生个人社团应遵守学校各项规章制度，尤其是要文明活动、维护校园环境卫生，等等。

第四节　走进社会大课堂，开展特色实践活动

《综合实践活动指导纲要》指出，社区服务与社会实践本身的特点，决定了学生的学习场所必须从课堂走向社区、走向社会，学习内容的载体也必须从教科书转向丰富多彩的社区、社会生活实际。2008 年 9 月，北京启动"中小学生社会大课堂"建设工作，有 1200 多家社会单位已经成为北京市中小学生社会大课堂的资源单位，其中包括毗邻我校的北京市新发地批发市场。社会大课堂活动是学校教育的有机补充，我校立足学校实际和周边社会大课堂资源，着眼于学生成长与发展的需求，整合利用首都丰富的人文自然资源，提出"满足学生成长需求，创建生态课堂"育人理念与模式，立体设计社会大课堂活动方案，并努力寻求与学科教学的深度有机结合，加强对社会资源的开发，提高

研究性学习的广度和深度，对资源的利用进行整理，学生们在自然中探究自然，在集体中热爱集体，在生活中理解生活，在社会中了解社会。

一、总体目标

走进社会大课堂的主题实践活动是通过密切学生与生活、社会的联系，帮助学生获得亲身参与实践的积极体验和丰富经验；提高学生对自然、社会和自我之间内在联系的整体认识，发展学生的创新精神、实践能力、社会责任感以及良好的个性品质。根据活动安排和我校具体实际情况，实行校内教育与校外教育相结合的原则,实践活动课时的安排采取集中安排与分散使用兼顾的方法。

二、课程性质

在原有学科课程基础上的一种综合性的课程。

三、课程目标

1. 充分利用社会资源，开展研究性学习，培养学生提出问题、观察思考、动手实践、解决问题的能力，提升学生的学习能力。

2. 激发研究、探索科学的欲望，培养与人交往、合作的能力，以及开拓创新的能力。

3. 培养学生热爱家乡、服务社会的情感和能力。

4. 形成有学生特色的研究成果，丰富学校校本课程。

四、课程原则

1. 实践性原则：实施综合实践活动要特别关注实践过程的充分程度、丰富程度、深刻程度，学生的亲身体验和主观感受应成为学习的重要方法和途径。

2. 综合性原则：综合实践活动中，学生所面对的是完整的生活世界，是学生文化课学习与非智力品质发展的综合表现与应用。

3.开放性原则：综合实践活动是一个开放的课程领域，其课程目标、课程内容、活动方式等都具有开放性。它面向每一个学生的个性发展，尊重每一个学生发展的特殊需要，在活动方式的选择和课程资源的开发上充分体现开放性。

4.发展性原则：综合实践活动的课程性质与学习方式立足于学生独立自主、积极主动的学习态度。综合实践活动实施应根据学生主体意识与能力的发展程度，尊重学生的兴趣、爱好，注重发挥学生的自主性。在教师指导下，使学生真正成为学习的主体、发展的主体。

五、利用社会资源开展活动示意图

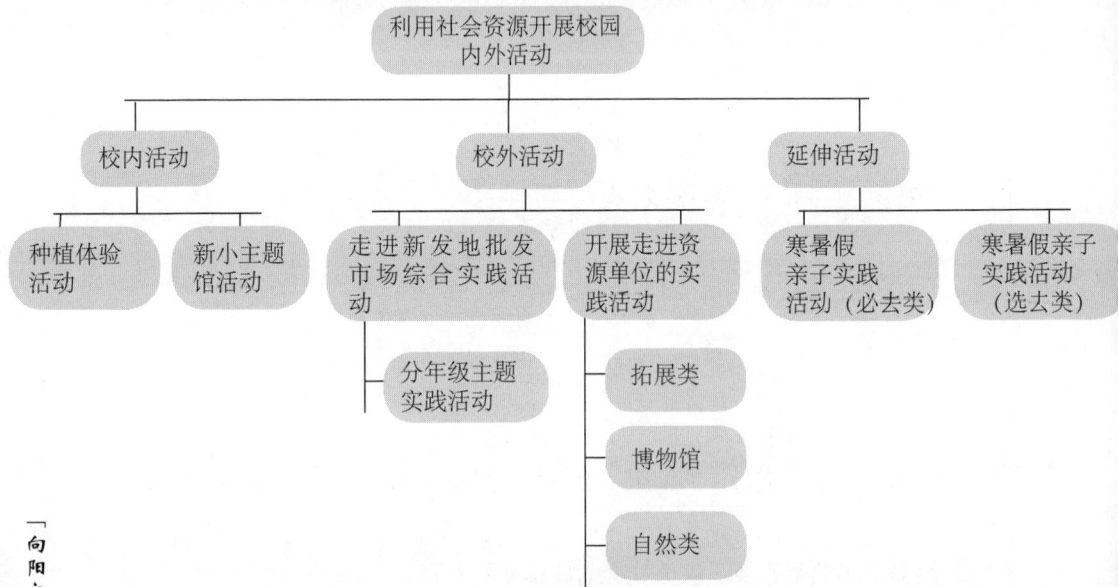

（一）校内活动

1.每学年第二学期组织1~6年级学生开展种植体验活动。

2.我校教育馆与少先队活动、德育活动、节日活动等相结合开展主题实践活动。

（二）校外活动

1.3~年级开展走进新发地批发市场综合实践活动。

2.根据1~6年级年龄特点，开展走进社会大课堂资源单位的主题综合实践活动。

（三）延伸活动

在寒暑假期间，开展"亲子社会大课堂活动"。

六、课程安排

（一）种植体验活动安排

生长在城市中的学生系统地观察植物生长的机会有限，很难感受生命的神奇与宝贵。我们学校每学年第二学期都要组织孩子们开展种植体验活动。在活动中，孩子们了解万寿菊、矮向日葵、茉莉、百日草、小西红柿、朝天椒等植物的生长过程及相关的种植小常识，让学生自己动手种植植物，观察植物每日的变化，体会成长的快乐，体会父母对他们的爱，从而提高孩子们动手实践能力和综合素质，培养探究性学习的兴趣和科学思维的方法。

活动过程

阶段	学生主要活动	指导重点	实施方式
第一阶段 激发兴趣，导入主题。	1.参加学校升旗活动暨栽培活动启动仪式，了解活动内容。 2.3~6年级学生参加栽培培训。	本次活动的意义、内容、方式 要准备的东西，种植的方法。	与学校的升旗活动结合。 教师开展培训。
第二阶段	1.下发材料，在纸杯中种下种子（学生每人三种种子，班级每班六个花盆，三种种子。三年级同学种植红薯）。 2.过几天植物发芽后，拍照，写第一次的观察日记（一年级同学只观察，二年级同学填好记录表。三至六年级同学写观察日记）。 3.照顾自己的几种植物，做好除草、浇水的工作。	种植的方法。 组织学生讨论： 如何记录植物的成长变化？ 如何分工？如何照顾植物？ 在记录中如何寻求老师的支持与帮助？ 如何写好观察日记？	教师时刻了解学生活动的进展情况。 教师设计并发放种植观察记录表。 培训学生如何写好观察日记。 和学生一起种植。

阶段	学生主要活动	指导重点	实施方式
第三阶段	1.等到植物长到一定高度时,进行定植活动,明确操作方法和注意事项。 2.分阶段写好观察日记。 3.浇水:见湿见干。 4.追肥。	定植的方法。	可给学生一个范例。和学生一起操作。 提醒学生家长可以通过个人微博、班级微信群等发布孩子种植情况的图片信息。
第四阶段	1.整理资料:植物生长各阶段的照片,观察日记等。 2.在植物结果前后,进行施肥的活动。	对搜集来的资料加以区分、整理。 注意学生活动中的安全。	提醒学生,做好记录,指导学生文件整理(照片、文档等)。
第五阶段 分享收获	1."老师知道同学们在种植植物的过程中付出了很多努力,同学们愿意说说自己的经历吗?"学生汇报。 2.将长成的植物带到学校,进行校内评比。 3.与大家分享活动感受。		举行评选会,在会议的开头先介绍经验。 邀请各科老师与六年级学生一起来进行这个评选活动。

（二）学校教育馆活动安排

2014 年,我校新建了向阳教育馆,其中包括校史馆、养成教育馆、安全教育馆、学雷锋馆、探索科技馆、传统文化馆、地域文化馆,还有关于情趣生活的闲暇馆等十大主题教育馆。我校向阳教育馆蕴涵了丰富的学习资源,我们将到十大教育馆参观学习纳入每个年级的活动中,并与学校的校本课程、少先队活动等相结合,让我校的活动丰富,寓教育于无形,起到润物细无声的作用。

例如,"雷锋馆"这一资源,教师可以结合语文、品德、学雷锋日等课程和活动,让教育内容更加丰满。"地域文化馆"结合地方课程、品德课程爱家乡的教育内容,让学生深入了解自己现在生活的地方,爱自己的学校、家乡。

学校教育馆年级活动安排表

年级	统筹主题	第二学期	第二学期	预期成果	备注
一年级	养成馆 安全馆 学雷锋馆 (第二学期)	一二年级重点是统筹主题		活动感受、幻灯片、摄影作品 (有文字说明)、绘画作品 (创作说明) 等形式。	与少先队活动相结合。要求上交的作品,必须注明年级、班级、作者等。
二年级					
三年级		环保馆	科技馆		
四年级		科技馆	传统文化馆		
五年级		地域文化馆	闲暇馆		
六年级		校史馆	传统文化馆		

（三）走进资源单位综合实践活动安排

我校依据北京市实施中小学生综合素质提升工程的意见,专门成立了由校长任组长,德育副校长任副组长,各班班主任、安保干部、体育教师及科技教师为成员的综合实践活动团队。由副校长专人负责社会大课堂建设工作,包括统筹、协调、策划、指导等。在统一思想、提高认识的基础之上,把此项活动纳入每学年工作体系,制定并不断完善学校社会大课堂建设工作发展规划及各项规章制度和保障机制,健全社会大课堂工作管理体系。为规范我校社会大课堂工作,提高社会大课堂工作质量,我校对综合实践团队的教师提出了具体的实践活动标准与要求,制定了工作职责、研讨制度、学习制度,纳入学校每学期的绩效评价中,为顺利开展社会大课堂工作提供保障。

每学期综合实践团队依据市、区教委的文件精神,认真制订工作计划,期中有检查、平日有监督、期末有总结,各项具体工作落实到各教研组、年级、班级,做到层层落实,责任到人,确保社会大课堂工作扎实、落实,形成了全员参与、全员实践的立体活动格局。

序号	年级	博物馆类		拓展类		备注
		单年 第一学期	双年 第一学期	单年 第二学期	双年 第二学期	
1	一二年级	自然博物馆 陶然亭	紫谷 抗日战争纪念馆 空竹博物馆	北京南海子麋鹿苑博物馆 北宫国家森林公园	海洋馆 富国海底世界	

123

| 2 | 三、四年级 | 汽车博物馆索尼探梦科技馆首都图书馆 | 花卉大观园海淀区综合 | 单年:猎狐 A猎狐 B | 比如世界蓝天城 | |
| 3 | 五、六年级 | 天文博物馆北京大葆台西汉墓博物馆 | 中国科技馆航天博物馆 | 单年:猎狐 A猎狐 B | 拓展 A（安全逃生）拓展 B 航天科普教育基地 | |

（四）亲子实践活动安排

2008 年 9 月以来，每年寒暑假，综合实践团队的老师们都会设计社会大课堂的系列活动，鼓励学生组成了区域学习小组，参与社区志愿者活动；一至六年级的孩子们利用《北京市中小学生社会大课堂指南》《丰台区中小学生社会大课堂指南》两本手册，与家长一起走进社会大课堂资源单位进行亲子实践活动，既增进了家长与孩子的感情，又增强了学生自我教育意识、社会责任感，促进其身心健康成长。

序　号	必　去	选　去	研究要求
1	北京图书大厦	北海公园郭沫若故居老舍故居中国长城博物馆中华文化园北京国际图书城故宫	1. 收集相关资料，设计交通路线及参观路线。2. 不同的场所有不同的参观要求。3. 预期成果：参观感受、景点介绍名片、景点手抄报、自主设计的交通路线、参观线路图、照片展（作品说明）、幻灯片、手工科技小制作、调查报告、小论文、日记、绘画（创作故事）等。
2	后海、南锣鼓巷等胡同		
3	天坛公园	北京植物园火车博物馆铁道博物馆警察博物馆印刷博物馆	
4	宋庆龄儿童科技馆		
5	天安门		
6	天文馆		

七、评价体系

（一）对课程开发实施者（教师）的评价

1. 教师的积极开发意识和有效指导方法。

2. 教师应保存学生的作品、资料，以及在活动、竞赛中取得的成绩资料。

「向阳文化」引领生命起航

3. 通过听课、查阅资料、调查访问等形式，每学期对教师考核，并记入业务档案。

（二）对学生的评价

1. 过程性评价

综合实践活动的结题注重的是过程，而不拘泥于成果的某种形式。评价应以形成性、发展性评价为主，注重学生主体参与实践的过程及在这一过程中所表现出来的积极性、合作性、操作能力和创新的意识。（结题不采用书面的考试或者考查方式，但要作考勤评价记录；同时教师根据每个学生对结题的认识及参与态度进行等级评价，作为"十佳阳光少年"评比条件）

2. 个性自我评价

鼓励学生自我评价，可以充分地畅谈自己参与活动的体验、经验和教训，自由地交换意见。重在感受与体验、展示与表达、讨论与评价，评价将以改进学生的学习方式、促进学生的发展为目的。

3. 开放性评价

在学生自我评价的基础上，应尽可能采用集体讨论和交流的形式，将个人和小组的经验及成果展示出来，并鼓励相互之间充分发表意见和评论。

4. 多元性评价

综合实践活动课程不采用书面考试的方法，可采用作品（手工、劳技、科技作品、调查报告、研究性学习小论文等）评价、展示与交流、成果汇报活动、技能比赛等多种方法进行。学生在实践活动中形成的日记、报告、文章、绘画、手工作品等均是成果。让教师、学生、家长都参与评价，采用自我评价、相互评价、档案袋评价等办法，注重每个学生的学习信息，注重资料的记录、搜集、积累，从中发现学生进步的轨迹。评价应注意多样性和可选择性，可自评、生评和师评相结合，多元评价方式相结合。如对书面材料的评价与对学生的口头报告、活动、展示的评价相结合；教师评价与学生的自评、互评相结合；小组的评价与组内个人的评价相结合等。

5. 档案袋评价

我校综合实践活动结题的实施过程中，采用形成性激励评价，每个学生都建立了档案袋，通过档案袋让每个学生都能找到自己成长的轨迹。

【案例】

开发和利用校级社会实践资源 建设教育生态课堂

教育是系统工程，更是生态工程，作为教育生态系统中最基本的生命单位，学生个体的状态是我们一直关注的问题。2008年9月，北京市中小学生社会大课堂的启动为教育生态注入了巨大的活力，大量丰富而鲜活的社会资源的融入成为改善教育环境内部生态的第一推动力。为此，我校抓住这一契机，着眼于促进学生成长与发展这一根本目的，提出了"满足学生成长需求，创建生态课堂"育人理念与模式。

我们认为"生态课堂"是在一定的教育时空内，教师、学生与教育环境相互影响、相互作用的过程。"生态课堂"是一种教育的理念，涵盖教育全过程，这里，就从"开发和利用校级社会实践资源，建设教育生态课堂"的角度与大家交流我们的实践与思考。

一、深入调研，感知需求，明确构建生态课堂的基础

"生态课堂"是以学生发展为本的课堂，是以一定资源为基础的实践。因此我们的调研从两个维度进行。

第一维度：根据学校办学理念，开展对资源单位的调研。

学校的任何工作都要围绕着办学理念和学生的培养目标进行，我校办学理念的文化内涵是：平等全纳、朴素田野、坚韧执着、乐观顽强、相互成为对方的阳光。在充分利用市、区级资源的基础上，我们更加注重校级资源的开发与利用，因为这些在我们身边的资源有着利用性、互动性、互助性以及便捷性强的特点。北京新发地批发市场与我校仅一街之隔，1988年新发地人凭借自己的聪明才智，率先在新发地办起了果蔬批发市场。历经二十余年艰苦创业，新发地批发市场已成为"北京市最大的果蔬批发市场"，在全国同类市场中也有很大的影响力，被人们誉为"首都绿色航母，京城健康快车"，该市场有着丰富的物质资源和企业文化资源，其"平等、坚韧、执着"理念更与我校的办学理念相吻合。

第二维度：依据学生发展需求，开展对学生意愿的调研。

在对资源的选择上，我们更加关注学生的意愿，对他们的调研我们采取了问卷与访谈相结合的方式，问卷反映85%学生希望走进新发地批发市场。在

进一步的访谈及问卷中，我们发现了原因。我校位于新发地市场附近，有558名学生家长在新发地批发市场工作，占我校学生的58%，其中有124人的家长在市场从事管理、服务类的工作，334名家长从事经营类的工作。由于工作性质的原因，这些家长早出晚归，缺少和孩子们的交流，这也更加凸显了孩子们渴望对父母的工作、对他们工作的环境进行了解的需求。我们认为不仅要让孩子们了解父母的工作环境，更要让他们了解父母工作的艰辛，以及他们面对困难的乐观与坚韧，这对他们来说将是一笔宝贵的财富。

两个维度的调研使我们了解了学生的需求，也更加坚定了利用新发地市场资源，建设校本课程，构建生态课堂的决心。

二、课程开发，研究需求，理清实施生态课堂的框架

对教育资源的课程化开发与利用是教育的系统性与实效性的基础，为此在感知学生需求的前提下，我们课程化开发新发地市场资源，深入研究学生的需求，进一步理清实施生态课堂的框架。

第一，整合资源，科学设置课程体系。

为保证课程的开发能满足学生的需求，我们将学生、家长、教师、专家及市场负责人员进行整合，联合开发资源。通过对学生的调研，我们知道了学生对市场感兴趣的话题，明确了课程设置的内容。通过与教师和家长的座谈，我们清晰了他们对孩子们的希望，"希望他们珍惜来之不易的生活，希望他们增强与人沟通的能力以及合作探究的意识"，这些内容为我们课程目标的制定以及活动方式的选择提供了依据。通过与市场工作人员的沟通，我们对市场有了更加深入的了解，为课程的建构积累了丰富的内容，为后期的走入市场奠定了很好的合作关系。通过与专家的交流，我们对课程开发的程序、要求有了更为清晰的认知。在多方资源的参与下，我们制订了"《走进新发地批发市场》课程体系"（详见附件一）。"课程体系"的制定为构建生态课堂奠定了基础。

第二，人尽其用，充分发挥教师的能动性。

"课程体系"提供给老师的只是一个活动计划，具体的内容还需要老师根据学生的特点及现实条件具体设计。为此，我们成立了以年级为单位的活动设计与实施小组，发挥教师的主观能动性，因为教师是最了解孩子的，他们的创

意最为鲜活，最受孩子们的喜欢。为保证每个年级组活动进度及效果的基本一致，我们制订了《年级组活动设计与开展的基本流程》，如下图所示：

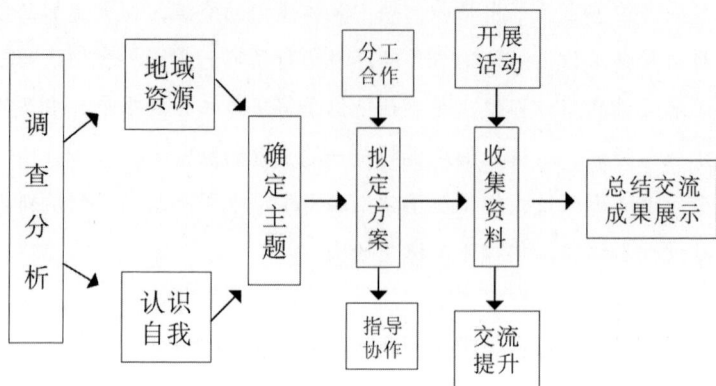

年级组活动设计与开展的基本流程

系统的流程为教师的工作提供了参考，更保证了学校资源开发与利用的效果与过程的一致。

第三，科学评价，调动学生参与的积极性。

新一轮基础教育课程改革以来，如何评价学生，成为管理者和广大教师关注的热点问题。在对学生参与社会大课堂实践活动的评价中，我们努力从多个角度实现转变，调动学生参与的积极性，如：评价技术从过分强调量化转向更加重视质的分析；评价的角度从终结性转向过程性、发展性，关注学生的个别差异；评价方式更多地采取观察、面谈、调查、作品展示、项目活动报告等开放的及多样化的方式。在这种认识下，我们制订了《学生参与社会大课堂实践活动评价量表》（详见附件二）。科学的评价方式，不仅记录了学生的成长，更使他们感受到了参与社会大课堂实践活动的成功与快乐。

三、实践体验，满足需求，探究实施生态课堂的方式

学生的需求只有在具体的实践中才能得到满足，而这种具体的实践是我们一直研究的问题。生态课堂强调问题来源于生活以及合作探究的学习方式，这

与研究性学习所倡导的理念不谋而合。为此我们积极引导学生以研究性学习的方式走进社会大课堂，研究解决他们感兴趣的问题。

环节一：提出问题，确定主题

当学生带着思考重新审视他们熟悉的环境时，会有不同的发现与疑问。我们鼓励他们勇于提出问题，表达自己的观点。市场中的瓜果蔬菜有多少种类？它们来自何处又运往何地？市场内的垃圾如何处理？为什么市场内总是堵车？父母是如何工作的？市场一年的营业额是多少？这些问题均出自孩子之口，成为了他们研究的主题。

环节二：参观市场，考察状况

带着问题重新走入他们熟悉的市场后，他们多了一份专注与责任，从不同的角度，用不同的方式审视着周围的环境。孩子们走进电子交易大厅，亲自操作，感知运用现代信息技术进行蔬菜交易的便捷；参观新发地蔬菜农药质检部门，动手实验，了解蔬菜农药含有量测试的方法；来到市场内的湖南厅，互动交流，了解湖南农产品的种类与特色，等等。新发地市场是孩子们生活的一部分，而此时他们对这个曾经熟悉的地方又再次充满了好奇。

环节三：上网查询，搜集资料

通过网络获取有效信息是现代社会必备的能力，在孩子们走进市场，发现问题、解决问题的过程中，我们引导孩子运用这一方法。信息技术课教师安排专门课时，从专业的搜索网站的域名与使用方法、搜索内容关键词的确定、有效信息的选取等方面为学生讲授，使孩子们掌握正确的方法。家中没有电脑或不能上网的，学校的网络教室随时为他们敞开。在这里，孩子们知道了果蔬垃圾的科学处理方法，各种果蔬的最佳时令季节，果蔬上农药残留物的处理方法，新发地市场与国际、国内同行业的交流情况等，网络已经成为孩子们寻找问题答案的必要工具。

环节四：采访互动，追踪调查

在解决问题的过程中，我们注重引领孩子们通过访谈、交流的方式寻求答案。为实现孩子与市场内人员的有效互动，我们专门为孩子们开设了如何设计问题、采访礼仪、如何选择恰当访问对象等课程，在学习的基础上，孩子们充满信心地走入市场。果蔬如何保鲜、商户对市场内的环境卫生的满意度、商户经营状况等话题在孩子和被采访者中展开。在此基础上，为更好地解决他们

的问题，孩子们跟着物流汽车来到了位于新村的新发地市场蔬菜直营店；跟着垃圾运输车来到了垃圾处理场，更为深入地寻找答案。我们认为正是这种人与环境的良性互动，激发了孩子们无限的求知欲，增添了寻求答案的动力。这正是生态课堂的魅力所在。

环节五：市场宣传，拓展延伸

研究的目的在于促进问题的解决，孩子们在这个生态课堂中逐步感受到了自己的责任，也愿意为市场的进步做出自己的努力。于是他们再次走入市场，将调查研究的成果汇集成"我们的市场大家爱"爱护市场环境的图片展；撰写了《新发地批发市场果蔬垃圾处理的调查报告》《市场周边交通堵塞问题的调查报告》等，并将材料呈送给了新发地市场的负责人，引起了市场的高度重视。

四、实施"生态课程"的反思与探究

在建设校级资源和实施"生态课程"过程中，我们深刻地感受到它对学生成长的巨大推动作用，有一些新的体验，也发现了一些需要进一步思考和研究的问题。

（一）建设校级资源的基本原则

1. 校级资源的建设要紧密结合学校的办学目标与学生成长需求。

2. 校级资源的建设要本着就近、就便的原则。

3. 校级资源的建设要注重家长资源的开发与使用。

4. 校级资源的建设要调动每一位教师的热情与才智。

（二）建设校级资源与"生态课程"的思考

1. 校级资源的建设要注重课程体系、知识技能、能力构建的系统性，逐步实现校本化。

2. 学生参与"生态课程"的方式要体现实践性、综合性，评价方式注重主体性、整体性和发展性。"教育即生活"，教育是通过生活，为了生活和在生活之中进行的。社会大课堂工作的开展促进了一个面向社会的开放型的课程体系的建立，使"生态课堂"的实施成为可能，它使课堂更加贴近社会现实，贴近学生现实，与社会和学生的生活有机融为一体，从而使学生通过课堂了解社会、认识社会、理解社会，并通过社会验证所传授的知识、倡导的观念和思想，

「向阳文化」引领生命起航

最终达到身心的健康发展。社会大课堂的建设使学生真正走入了生态课堂。

　　课堂是个小社会，社会是个大课堂。孩子们在这样的生态课堂中不仅学到了知识，掌握了技能，更为重要的是他们懂得了如何与人沟通与合作，懂得了责任与感恩。我们的老师在这样的过程中感受到了孩子们深深的变化，教育观念、课程建设能力得到了提升。我们的学校在社会大课堂资源的开发与利用中，"向阳教育"的内涵得到充实与完善。

　　附件一

《走进新发地批发市场》各年级主题安排

项目 年级	主题名称	活动目的	总课时	活动主题	
三年级	果蔬嘉年华主题综合实践活动	学生通过调查研究，对每天都吃的水果、蔬菜进行了解，了解它们的营养及功效；到市场参观。	14~18课时	果蔬嘉年华（走进蔬菜王国、走进水果王国） 拓展一：亲子活动 学会参观 参观水果、蔬菜市场 果蔬保鲜 参观冷库 拓展二：社区宣传	准备课：班级调查，介绍活动，分小组确定小组。（以班级人数分为6~8小组）活动成果以小组为单位整理。教师可以和本班孩子（或年级组商量进行）深入参观。前期设计活动。
四年级	感恩父母综合实践活动	学生通过观察、采访、访谈家长等活动，了解家长工作的情况，懂得感恩父母。	14～18课时	学会采访 听爸爸妈妈讲故事 主题班交流活动 学会合作 参观农药残留检测部门，走访商户 和爸爸妈妈上班 今天我当家活动	

项目年级	主题名称	活动目的	总课时	活动主题	
五年级	了解商户创业、经营实践活动	学生们通过采访、调查，了解优秀商户的创业理念，懂得他们创业的艰苦，并且真切感受这些商户勇敢地面对困难，凭借自己坚强的意志品质战胜困难，艰苦创业。	14~18课时	学会制定研究计划	
				听故事、悟成长	
				市场环境大考验	
				市场交通大考验	
				市场交易大考验	
				模拟市场	
六年级	了解企业文化实践活动	孩子们通过访谈、参观、调查等活动真正地走进市场，了解新发地批发市场从一个小市场发展到上市公司的发展过程，体验新批不同寻常的企业文化与服务理念，从而更加深入地了解市场管理理念。	14~18课时	学习搜集与整理资料	
				市场管理大考验	
				聚焦绿色食品	
				开展市场小导游活动	
				学习设计制作	
				市场之我见	

「向阳文化」引领生命起航

附件二

学生参与社会大课堂实践活动评价量表

评价项目	评价要素	内容描述	评价等级		
			A	B	C
参与情况	（1）学生参与活动的态度	参与活动积极主动；不怕困难和艰辛，努力完成自己承担的任务；乐于帮助同学，主动和同学配合；对小组或班级的学习有积极贡献。			
	（2）学生参与活动的广度	每个学生都要参与活动全过程，有分工，有协作，活动内容丰富。			
	（3）学生参与活动的深度	能按要求正确操作，注重动手、动脑相结合；学生能自主思索、设计、操作和解决问题；能够认真倾听、协作、分享。			
活动效果	（1）完成任务情况	参加实践活动，做好活动记录，有不同程度的收获。			
	（2）学生态度、情感和价值观的发展情况	大部分学生的各种良好思想意识，如环保意识、社会责任感、服务意识、安全意识、效率意识等有发展。			

第六章　阳光活动——炫动孩子风采的舞台

第七章
Chapter 7

阳光环境

——彰显每个孩子的自信

第一节　让环境充满阳光

一、环境育人的认识与思考

（一）对阳光环境育人的认识

"阳光"是万物生长的必要条件，先进的教育思想，也像阳光一样照耀着教育者和我们的教育对象。作为承载教育思想、实现美好教育理想的物质条件——校园环境，理应充满先进教育思想的"阳光"，激励人们每天都有新进步，每天都有新发展。

从心理学的角度讲，文化教育环境，是人的心理、意识内容的主要源泉，对人的思想与个性倾向的形成起主要作用。这就要求学校在环境营造上，要有利于师生心理健康发展，有利于提高生活质量，提高生命价值，要强调系统观点，把环境和行为作为一个整体进行设计。

从生态教育的角度讲，学校环境应是一个复合的生态环境，它不仅要具有实用价值，而且还要被赋予许多教育意义，体现人们的教育观念和审美意识。正如杜威所言，"我们称作学校的社会机构的首要职责就在于提供一个简化的环境。选择相当基本并能为青少年反应的种种特征。然后建立一个循序渐进的秩序，利用先学会的因素作为领会比较复杂因素的手段。"作为由人、活动、环境所构成的复合的生态系统的学校，以师生为主体的学校各类人员与环境之间都存在动态相互联系，并对学校教育教学活动、校风学风、人际关系、师生发展，特别是对于未成年人——学生的人生观、世界观等的形成产生一定的影响。这就要求学校在校园环境建设上，要形成完整的校园生态链，创建以人与自然、人与生活和谐发展为主题的绿色教育基地，从大生态教育理念出发，注

「向阳文化」引领生命起航

重实现学校生态圈内人的思想生态化和人文化。充分依托已有的自然环境，兼容各种功能分区场所，有利于学校教育教学活动的开展和学生身心发展，形成平衡、和谐、美观的学校生态环境空间。

（二）对阳光校园环境育人的思考

阳光校园的实质是要培养阳光的人，而培养阳光的人，首先要使人具有阳光的心态。自信就是一种阳光的心态。孩子们有了自信就会对自身价值和能力给予充分认识和评价，就会对自己的能力和水平持一种肯定性态度。孩子们自信心的培养，本质上是孩子们对自己所具有能力的一种正确估计与高度自我接纳的态度。现代心理学以及教育学的研究表明：人的自信心只有很少一部分受遗传因素影响，而环境和教育对个体自信心的形成与增强有着决定性的作用。从某种意义上说，拥有了自信，也就是奠定了日后成功的基础。对于小学的孩子们而言，自信心不足就会表现出不合群，不敢做，甚至不相信自己等；而有了自信心的孩子，他的大脑机能在强烈自信的激励驱动下，会焕发出极大的潜能，表现出一种阳光的心态。

让环境充满孩子们的生活，让环境引领孩子选择一种向上的人生追求。学校的环境布置要有利于形成和增强学生的自信心，要使每一面墙壁都成为孩子们说话的场所，要使每一个角落都成为孩子引以自豪的空间。在那些充满对孩子赞许的目光中，孩子们与生俱来的自信，当然也是稚嫩的自信，就不会被压制和打击，才能得以维护和增长，才能满怀自信地、积极乐观地面对生活，面对世界，迈向成功。莎士比亚曾经说过这样一句话："赞美是照在人心灵上的阳光，没有阳光，我们就不能生活。"以鼓励代替批评，以赞美来启迪孩子潜在的动力，自觉地克服缺点，弥补不足，会使孩子们怀着一种阳光的心态，创造出一种和谐的气氛，赞美就像荒漠中的甘泉一样让人心灵滋润。著名的"罗森塔尔效应"的实践充分证明了这一点。学校环境只有表现出对学生的赏识才能使学生信心倍增。只有真正挖掘出学生的优势和潜力，让他们真正看到自己的能力和优势，感受到自己的力量，才能巩固他们的自信。所以，在阳光校园建设中，教师要善于把孩子们的成功、优势彰显出来，帮助每一个孩子找到建立自信的结合点，最大限度地开发出每个孩子的内在潜能，帮助每个孩子树立牢固的自信，使他们悦纳自己，理解他人。

137

二、阳光校园文化建设基本构想

（一）建设目标

将学校建成"健康、向上、和谐、共学"的阳光校园。

（二）建设原则

1. 紧扣并能精确体现向阳教育办学思想。

2. 充分发挥向阳文化的育人功能，同时与审美性、娱乐性相结合。

3. 主题鲜明，富有特色。

4. 要实现历史与现代的结合。

5. 简洁、美观、富有教育性。

（三）建设的主色调及图样

以向阳花黄、剪纸红和剪纸图样为主要元素（剪纸是我校探索了二十多年形成的特色校本课程，从我校毕业的每一位学生都掌握剪纸技艺，并多次与中外小朋友进行文化艺术交流，得到广泛认可）。

（四）向阳文化建设分区

六大文化区：阳光窗口区、阳光运动区、阳光教学区、阳光展示区、阳光活动区、阳光生活区。

第二节　让孩子感受温暖

一、四个文化园的开辟，激发了学生追求美好生活的愿望

为了使孩子们深刻地领会学校的办学理念，激励孩子们不断进步，学校在阳光生态环境建设上，按照使整个校园"充满绿色、充满活力、充满生机、充满阳光"的原则，开辟了"春华秋实""日新日进""民族红""友谊青"四个文化园，并将之作为孩子们综合实践活动的基地。

一进校门是以校训的上一句命名的"春华秋实园"。孩子们春日在这里辛勤播下向阳花种，夏日在这里挥汗浇水、施肥、除草，秋日在这里采摘，享受辛勤耕作后的丰收喜悦。每到六月，满园的向阳花全部追逐着太阳开放，这里便成为了孩子们展示美的花园。孩子们在这里感到了向阳花带来的温暖。

「向阳文化」引领生命起航

教学楼与住宿楼中间的天井处是以校训下一句命名的"日新日进园"。"日"字型的假山石，"月牙"形的小水池，孩子们休闲、读书时所用的小圆石桌、石凳，再加上鹅卵石铺设的弯曲小路，伴着沙沙的风吹竹叶声，构成了一幅江南园林风景画。这里不仅是孩子们的乐园，而且还激励孩子们每天要有新进步，每日要有新发展。

操场的西南侧是"民族红园"。此园是个三季有花盛开的文化园，因为花在我们中华民族可以统称为红，又因为学校的学生来自十来个民族，为了突出向阳文化平等全纳、和谐向上的理念，我们将此园命名为民族红园。民族红园与教学楼内悬挂的首幅学生大幅剪纸作品"民族大团结"异曲同工，象征着学校是一个有着来自五湖四海阳光少年的和谐大家庭，在这里大家感受着来自他人给予的温暖。

操场与篮球场中间是六棵参天大树，这里是"友谊青园"。其意义在于让孩子们在这里（学校）互帮互学，相互给予阳光，结下深厚的友谊。

从"友谊青"文化园的建设过程中，我们还可发现新发地小学人身上那种"乐观向上，不畏困难，坚韧执着的精神"。由于我校地下是天伦锦城小区停车场，因此我们种植树木的土层只有两米，且土质不好，因此我们连续植了三年树，才培植起了这个文化园。第一年，树没有成活，大家没有灰心，总结经验，更换土层来年再战；第二年所栽的树，在新小人的精心呵护下顽强地活到了秋天，但是依然没有抗过冬季的严寒；第三年的春天，执着的新小人没有被连续两次的失败打垮，凭着他们对孩子们、学校的热爱，终于在校园里建起了这个富有生命意义的文化园。我想建园的过程本身对全校师生成长就有着深远的意义。

四个文化园的开辟，不仅绿化、美化了校园，给现代化校园增添了活力，而且实现了人与环境的和谐共生，和谐发展，寓情于物、寓情于景、寓情于师、寓情于生，使师生触景生情，随时随地受到美的熏陶和感染，并依情导行。在对孩子们进行的有关学校环境的调查中，四个文化园是孩子们最喜欢的地方。这么富有诗意的环境无疑是对这些平民的孩子追求美好生活的最大激励。

二、用学生的作品装点校园，让阳光环境充满学生的生活

剪纸教育是我校的一项特色教育，从我校毕业的每一个学生都掌握剪纸技艺，孩子们精美的剪纸作品不仅在市、区乃至全国获得了大奖，还被刊登在多家报刊杂志上。孩子们多次与中外小朋友进行艺术交流，其剪纸作品作为礼物送给外宾。孩子们原创的带着童真的大量的剪纸作品是一种巨大的资源，学校在环境建设上不追求浮华，把学生反映学校生活的阳光经典系列内容的剪纸作品作为主要内容，装点校园的每一个角落，让环境充满孩子们的生活，彰显孩子们的个性与自信。

进入校园你一定会被操场南侧围墙上悬挂的学生创作的十幅大幅剪纸作品所吸引，并对孩子们的创作设计、剪艺的精湛赞不绝口。在这些作品中，包含了丰富的内容，有《探索大自然》《快乐童年》《校园生活》等。这些作品在不断提示着孩子们如何做人，如何不断提高自己，使每个孩子能感受到肩上的种种使命。这些作品不仅仅是一种艺术，它更是孩子们的心血，它可以使我们看出师生的辛勤付出、艺术造诣，它是孩子们创新学习的成果，也承载着孩子们的志向，和从兴趣、乐趣向志趣发展的良性过程。比如唐倩倩与她创作的《探索大自然》就是一个很好的例子。想当初她学习剪纸时的状态与其他孩子没有什么不同，只是凭着兴趣学习剪纸，从她的剪纸作品初步得到老师的夸奖开始，她学习剪纸的劲头越来越足，剪纸技法也越来越精深。随着剪纸作品一次次地在校园展示、一次次地获得美术作品大奖，她的剪纸创作欲望也越来越高，不仅收获了学习成果，也获得了学习中更大的乐趣。随着剪纸技能的提高，她也更乐于从生活中提取剪纸创作的题材，《探索大自然》就是她从参加生物小组捕捉蝴蝶做标本的学习生活中找到灵感创作的。唐倩倩联系自然课老师带领他们到田野中采集标本的生活情境，设计了孩子拿网捕蝶的动态形象，又画了盛开的花朵和飞舞的蝴蝶。在这幅剪纸中，我们发现她设计的主体人物动作舒展，人物活泼，衣服花纹设计精美，从服饰上突出了男女生的性别特点，尤其是女孩飘动的发丝更有一种跃动的美。人物

周围添加的花卉与蝴蝶纹样都是她独立创新设计的，每一朵花的花纹设计、每一只蝴蝶的造型设计都与众不同，整幅作品栩栩如生。精美的造型、合理的布局，让师生看了都赞不绝口。当这幅剪纸以喷绘形式装点在校园操场上后，不知得到了多少赞扬的话语，多少羡慕的目光。一幅剪纸展现了孩子们眼中的生活，展现了孩子们发现美表现美创造美的追求，展现了孩子们创新学习的意识和能力，展现了孩子们精湛的剪纸技艺及坚韧不拔的学习毅力，也更展现了孩子们自我学习、自我教育、自我成长的自信心路。

这些作品呈现着学校的教育重在彰显师生的优势、特长，而不是禁锢在

《抖空竹》

书本里、禁锢在知识里，所以这些作品能呈现出一种乐趣，可以看出孩子们在这里是快乐地学习知识。正是这样的内容展示着孩子的能力，呈现着孩子们的心愿，传递着孩子们向上的人生追求。

操场看台的背板上，是孩子们以体育活动为内容创作的一组剪纸作品，一共十幅，有《打篮球》《踢足球》《推铁环》《抖空竹》等。这些内容都是孩子们喜欢的学校特色运动，你看那幅抖空竹作品：树荫下两个小伙伴兴致浓浓地抖着空竹，似乎在比量着谁的技艺更高超、谁的花样更多。小作者还精心设计了美丽花卉装点周围的环境，使整幅剪纸很具观赏性。这幅作品表现了剪纸作者很强的形象思维能力、创新能力及剪纸技能技法能力。这正是我校抖空竹运动的真实写照。"展阳光体育运动，炫阳光少年风采"是学校的体育运动主题，这些体育运动作品正是对学校这一运动主题的深刻具体的阐释，更能使我们感受到学校对学生健康的关注，对人的关怀，而不是不惜牺牲孩子的健康，来追求功利的目标。

走进教学楼，装点在楼道两侧的孩子们的剪纸作品更是丰富多彩，有民族团结内容的，有经典读书内容的，有科技教育内容的，有反映家庭文化的。多系列多内容的精美剪纸，随观者移步楼上而渐入眼帘。丰富的题材、精心的构图、或稚拙或灵动的人物造型、精美的花纹设计、表达的内容与情感都让人不得不啧啧称奇，不得不细细品味与驻足。最引人称赞的是国学经典系列的剪纸作品，有反映经典故事的《闻鸡起舞》《囊萤映雪》《孔融让梨》，有反映古

诗文内容的《游子吟》《出塞》《赠汪伦》等。

剪纸不单单是艺术，它还是孩子们表达情感的一种媒介。学生们借剪纸抒发情感，借剪纸表达思想，借剪纸完成一种心愿。不少剪纸作品背后都有一段感人的故事。比如张凤花的千里快递《民族团结》剪纸的故事及周泽纯借《赠汪伦》喻母校情深的故事都十分感人。

《民族团结》剪纸是福建籍小姑娘张凤花的代表作。说到她的《民族团结》这里不得不说一段传为佳话的特快专递剪纸的故事。张凤花是班里的小干部，是老师的得力助手，不仅班级工作做得好，各科学习成绩好，而且随着年级的增高，她的剪纸水平越来越高，剪纸技艺越来越成熟，创作的剪纸作品也越来越精美，剪纸情趣也越来越浓。她十分留意平时看到的图纹，收集起来用作剪纸的创作素材。一次她看到简笔画书上有几个民族人物很好看，就和老师商量想创作一幅剪纸，老师很高兴地鼓励她以《民族团结》为题创意剪纸，并引导她用哪些元素去体现主题。剪纸设计刚有创意，张凤花却因要准备中考，在六年级下半年回到原籍福建读书。临走之前，她试探地向剪纸刘老师提出了一个小要求：老师我能带这张红纸走吗？我想继续创作这幅剪纸。老师痛快地答应了她的要求。张凤花带着对学习生活了五年多母校的依依不舍，带着对老师同学的惜别之情，带着这幅刚刚画了两笔的剪纸稿踏上了回福建老家的火车。

时光流逝，转眼间又一学期即将过去了。一天刘老师正在给张凤花原来所在的六年级学生上剪纸课，忽然看门师傅给刘老师送来了一封特快专递。刘老师好奇地当着学生面打开了这个信封，拿出信瓤一看，啊，是一幅漂亮精美的剪纸。刘老师当时把剪纸展示给大家欣赏，学生们都为这么精美的剪纸打动，发出了惊叹：太美了！太精细了！太漂亮了！剪纸中圆环的上方是国徽图案，中间是精美的花篮，下方是一排身着精美纹饰民族服装的小朋友，圆环外配饰

向阳文化 引领生命起航

着盛开的牡丹花图案，并有"民族团结"字样来点题。整幅剪纸景物选择独到，位置安排独具匠心，花纹设计新颖有创意，剪刻刀工精细，有的花丝精致到和头发丝一样精细。这真是一幅创意独特、精美漂亮到极致的剪纸啊！刘老师问同学们：你们知道这幅剪纸的作者是谁吗？当大家知道是远在福建家乡的自己的同学张凤花时，大家一边给她鼓掌表示敬佩，一边在心里漾起了对张凤花的思念之情。

刘老师用镜框把《民族团结》剪纸精心装裱起来，一有空暇老师们都会情不自禁地欣赏，赞叹、赞赏、思念之情随之萦绕在欣赏者的心头。刘老师常常自豪地对别人说：看看这内容、看看这构图，看看这刀工，就是美院的学生可能也达不到这种水平。刘老师对学生成就的那种自豪，那种赞赏常常感动着我们每一个人，张凤花已经成了我校的骄傲。作为老师，我们时常也会扪心自问：这么精细的剪纸作品不知道张凤花设计了多长时间，一刀一刀剪刻了多长时间；在设计与剪刻时，这个女孩的内心是怎样想的，在想什么；是什么样的动力支持她坚韧不拔地完成这样一幅巨作？那剪纸花纹的精美，线条细的有如头发丝样精细，而且刀工光滑，一点都没有刻断，其剪纸技艺之高超令人叹为观止。老师可以想象到一个远离母校，远离辅导老师，身在福建老家的小学生，每天放学写完作业后，伏在灯下专心致志刻剪纸的情景。她剪刻完成后第一时间用特快专递千里迢迢地把剪纸寄回了母校。老师怎能不感动，怎能不有一种思念、一种酸楚涌在心头，常常是思到此处，泪水也蒙住了双眼。这件事已经过去了十多年，师生间的联系也因地址及电话号码的变迁而中断了，但是师生间的情意却永远地凝记在师生心中。刘老师几次发信函联系，始终没有联系上。老师想告诉张凤花说：你的剪纸原作现在不但悬挂在学校美术作品展示室，还被喷绘成大幅巨作悬挂在楼道主墙上，并且还被收录在刘老师撰写的《剪艺召童心》一书的彩页中。你是我们的骄傲。你的《民族团结》剪纸参加中国青少年中心举办的青少年美术作品大赛获得了特等奖。你的特快专递剪纸的故事也一次次地被师生们津津乐道。

《赠汪伦》剪纸出自即将毕业的六年级周泽纯之手。把剪纸学习与诵读国学经典相结合，这是我校根据学校校本课程启动的一项特色教育活动，用剪纸技能、技法表现国学经典内容，使学生在学习中提高创新意识，提高技能技法，活学活用，在不知不觉中感悟国学经典的精髓，增强内心修养，传承民间剪纸

文化。周泽纯是外来随迁子女，六年来，学校老师们把她和众多的外省来京子女与本地孩子一视同仁。在老师的关怀教育下，她不但学到了许多书本知识，还懂得了做人的道理。无论是语数英，还是音体美，各门功课都很好，而且她还掌握了剪纸的技能、技法，她的剪纸作品在各级各类比赛中都取得过好成绩。在老师的培养下，她从一名小组长逐渐成为少先队大队长，从知识到能力都有了长足的进步。在即将离开生活六年的母校的时候，周泽纯依依不舍，她在新发地小学与老师有浓浓的师生情，与同学有厚厚的姐妹情。就要毕业离开母校了，她有太多的情要表达，于是她用自己的巧手剪刻了这幅《赠汪伦》剪纸作品，借此抒发她对母校老师同学的眷恋之情。实践证明：剪纸与国学经典相结合的教育创新活动，师生喜欢、效果明显、成果突出。

　　孩子们的这些作品，不在于它的艺术水平的高与低，而在于它反映了孩子们的一种想法和思考，反映了创作的过程。更重要的是这些丰富多彩的作品营造了一个激励孩子张扬自我的环境，这本身就是教会孩子学会自信，教会孩子要勇敢大胆地表达自己的内心的想法。正是由于有了这些内容的折射，剪纸形成了学校独有的语言。通过剪纸这种语言符号，学生在交流，师生在交流，形成了我们独特的交流环境——彰显着学生自信、需求、愿望。

三、统一楼层区域文化板块，突出不同教育主题

　　我校教学楼共四层，分为主楼和副楼。主楼主要是普通教学区，班级教室都在这里；副楼主要是专用教室，艺术、科技等教育教学活动主要在这里进行。为了突出各楼层的功能，学校统一了楼层区域文化板块，明确了不同的教育主题。

　　一层为生命教育主题。重点对孩子们进行心理、安全教育，如健康承诺、防火、防震、防触电等教育，悬挂葵花姐姐心理信箱，开展心理咨询等。

　　二层为艺术教育主题。所有的艺术学科的专用教室都集中在这一层的副楼，

在这里我们重点开展民族艺术教育，举办孩子们的艺术成果展，既让孩子们感受我们民族艺术的无穷魅力，增强孩子们的民族自豪感和自信心，同时也使孩子们展示自己的艺术才华，树立孩子"我能行""我真棒"的信心，培养孩子对艺术的追求和热爱。根据学校文化建设方案，这里将成为孩子们的"向阳艺术空间"，孩子们在这里尽展艺术风采。

三层是科技教育主题。科技教室、组培实验室、农药残留检测室都集中在这一层的副楼。我们在这层重点打造了"向阳科技长廊"，重点培养孩子的科技素养，开展科技活动，展示孩子的科技作品，培养孩子严谨的科学精神。

四层是国学教育主题。重点开展国学经典教育，开设了"向阳书院"。"向阳书院"的建筑基调以未经雕饰的实木为主，一窗一门，一桌一案，处处彰显中国韵味，力求体现古代书院特点，将藏书、阅读、教学、研究、编写、传承传统文化等功能集于一身，使师生在潜移默化中爱上阅读、严于治学、修养身心、刻苦自励，受到中华传统文化的熏陶。孩子们在这里诵读经典，乐享书香。

四、以阳光班级创建为载体，营造向阳文化班级环境

几年来，学校始终坚持开展阳光班级管理创新工作，要求各班在环境建设上，要突出教育性，要体现班级文化，要彰显班级特色、学生个性。每个班教室门口的橱窗里都要有班级集体照、个性班名、班徽、班训、班规等。

例如，李辉老师所带的三（1）班进行的营造班级文化、感受集体幸福感活动就是个很好的范例。

李辉老师说："人总是在一定的文化环境熏陶中成长起来的。班级文化形成的一种生活氛围，对学生的健康成长具有引导、调节和纠偏的作用，对每个学生都起着潜移默化的教育作用。班级文化的这种教育作用不同于课堂教育，它虽是无形的，但它又是无所不在的。"

在班级文化建设中，李老师注意调动每一个同学的积极性，激发每一位同学的主人翁意识、责任感。

首先，全体参与共设班级标识。

李辉老师所教授的学生处于小学低年级，虽说年龄小，但参与班级事务的热情却很高。为此在班级文化的营造中，她积极调动学生的参与热情，共同营

造良好的班级文化。在注重班级物质文化建设的同时，她更加注重班级精神文化的建设。学校倡导的是"向阳文化"，并将向日葵作为学校的标识。为此她积极引导孩子理解向日葵所蕴含的积极内涵，并将其内化为班级文化，他们经历了这样的一个过程：呈现学校向日葵的标识，介绍学校的"向阳文化"——学生搜集有关向日葵的资料，包括生长特点及其寓意等——学生分组，通过介绍、表演等方式介绍向日葵的外形、生长特点、寓意、利用价值等——讨论班级标识和班级口号，即班训。在班级标识的形成过程中，学生们一致通过将他们所喜爱的向日葵定为他们班的班级标识，经过大家的讨论、修改，终于物化为具体的图案。具体内容见下图：

向日葵班级标识

他们对班级标识的解释为：大的向日葵代表着老师，小的向日葵代表着学生，师生在一起很幸福；向日葵中的瓜子你挨着我，我靠着你，方向一致，劲儿往一处使，象征着集体很团结；向日葵四周黄色的心形的叶子象征着爱心；下面长的绿色叶子代表着认真做事的精神；向日葵追逐阳光的特性代表着师生阳光、快乐的心理。最终他们将其提炼为：团结、爱心、认真、阳光八个字。这八个字出自孩子之口，他们对这八个字有着深刻的理解，内化为他们的行动准则，再也不是以往高高挂在墙上的口号。

其次，建立"向阳贴吧"，营造民主环境。

班级文化需要师生共同营造，良好的班级文化应当是民主的、大家能够畅所欲言的。但这需要在班级建设中起主导作用的老师不断疏通渠道。为此，李辉老师想到了"百度贴吧"，何不建立一个班级贴吧呢，这样同学们不就有了为班级出谋划策、畅所欲言的机会了吗？但这一想法很快遭到了反对，因为我

「向阳文化」引领生命起航

校的学生大多为来京务工子女，大多数学生家中没有电脑，更不能上网，但这一形式同学们非常地喜欢。"对，为什么不把贴吧搬进教室呢？"她为自己的这个想法感到一阵窃喜。在经过与班委会的讨论之后，他们班的后墙上出现了"班级贴吧"，并将其命名为"向阳贴吧"。他们将其外形设计成了向日葵，并提供了贴纸，学生可以将对班级建设的建议和意见写下贴在"贴吧"上。同学既可以跟帖，针对贴主提出的想法谈谈自己的看法，也可以发新帖。经过半年多的建设，他们的"向阳贴吧"栏目丰富了，由单一的"班级建设板块"，丰富为"学习方法""我的秘密""好人好事"等。孩子们的成长、班级的发展都呈现在了这个"贴吧"上，有的孩子发表了"我觉得小组长应该轮流当""建议学校每年组织两次春游""我是不是真的很笨呀？"等帖子，孩子们也纷纷回帖，有的说"你只要上课认真听讲就不笨了"，有的说"昨天老师留的作业真多呀，希望老师今天少留作业"，还有的说"学校每年只有一次春游，我姐姐已经五年级了，她告诉我的"……这些热门讨论出于学生之口，源自他们的切身体验，"向阳贴吧"为学生提供了一方缓解压力、倾诉心声、展现个性、感悟成长的新天地，也促进了"团结、爱心、认真、阳光"班级文化的形成。

校园环境中到处呈现着孩子们的作品，洋溢着孩子们喜悦的欢笑。正是这样的环境，彰显了孩子的自信；正是这样的环境让孩子们感到学校很亲切很温暖；正是这样的环境给孩子们提供了展示才华的舞台，使他们获得了成长的快感、自信和不断进步的动力。

几年来的阳光生态校园建设，使我们每一个新发地小学人都深切地感受到了自信对孩子们人生的重大意义，特别是对平民的孩子，正是学校环境中到处彰显着孩子们的自信，才使这些平民的孩子们在这里得以阳光快乐地成长。

环境对孩子们的影响是潜移默化的，是不可估量的。让环境充满孩子们的生活，让环境形成孩子们内心流淌的语言空间、感情空间，让环境引领孩子向上的人生追求。让孩子学会在这样的环境中感悟生活，让孩子学会在这样的环境中理解和体会他人，并给予他人阳光，是向阳教育的重要使命之一。

第八章

Chapter 8

阳光家长

——陪伴孩子成长

人的教育是一项系统的教育工程，这里包含着学校教育、家庭教育、社会教育，三者相互关联且有机地结合在一起，相互影响、相互作用、相互制约，这项教育工程离开哪一项都不可能。学校的职责是为学生提供一个良好的学习环境、和谐健康的成长氛围，那么家庭的职责是什么呢？

家庭是孩子的第一所学校，父母是第一任老师。在孩子的成长过程中，家庭教育先于学校教育，在促进学生"社会化"（即培养公民）的过程中有很大的优势。人们常说：教育子女要做到"言传身教"并且"身教重于言教"，父母对于孩子的影响之深刻是任何人不可替代的，家长对孩子思想品德、文化学习、身心发展的教育要从小抓起，以潜移默化、春风化雨的形式，为孩子接受学校教育及思想中形成正确的道德观、价值观奠定好的基础。

基于以上的认识，围绕我校"向阳教育"文化，我们积极建设阳光家长工程，通过举办家长学校、树立阳光家长的榜样、开展阳光评价、创新家校协作方式等，不断更新家长的教育观念，提高家庭教育质量，积极建设举止文明、关心孩子、合作共进、富有责任感的阳光家长团队，达到家校共育阳光少年的目的。

第一节　努力提升家长素质，引导家长成为孩子言行的典范

一、明确责任，当好孩子的第一任老师

孩子就像一粒种子，家庭就是孕育种子成长的土壤。孩子一出生，接触最多的就是父母，天生的超强模仿力使孩子在自我意识形成之前，无意识地将父母家人作为他的模仿对象，即"第一任老师"，无论好与不好，对与不

对，孩子都会进行无选择性的模仿。有这么一个简明的数据：在人的一生中家庭教育所占的比重是百分之七十五，学校等等所有教育的总和加起来是百分之二十五。可见，家庭教育在孩子一生成长中的重要作用是任何其他的教育都不能替代的。

在新生入学的第一天，我们给家长培训的第一课就是"请您当好孩子的第一任教师"。结合以往的教育经验，我们郑重向家长们提出："父母是孩子的第一任老师。您的一举一动、一言一行对孩子的一生都有着深远的影响。学校是传播知识，培养人才的场所。作为一名学生家长，您入校后的表现，全校学生都能真切地看到。让您的言行举止与我们的向阳文化融为一体吧！您将成为全校学生的老师，且应成为好老师！"

具体的培训内容包括：

（一）有事进校园，听从门卫指挥，并进行入校登记。

（二）衣着干净整洁，得体大方，不穿无袖背心、拖鞋进校园。进入校园后，不吸烟、不随地吐痰、不乱扔垃圾，能使用文明用语。能按学校、老师的各项要求去做。

（三）开会时，不迟到、不早退，无特殊情况不得由父母之外的其他人替会。开会时手机关闭或调为振动、静音，要认真做好学习记录。不带本校孩子之外的小孩儿来校开家长会。如不能参会，要提前主动跟班主任请假说明原因，并向班主任询问开会内容。

（四）老师帮助解决学生之间发生的问题时，家长要心平气和，尊重教师的调解。

……

培训的内容是提示家长明确自己的责任，即"为了孩子，当好第一任老师"。从孩子上学开始，这个责任将更加明确。为了给孩子创造一个好的学习环境，家长要放弃自己的娱乐；为了孩子成长为一个有素质的人，家长要时刻注意自己的言行；为了孩子逐渐学习自理，家长要给孩子锻炼的机会；为了孩子的身体健康，家长要注意孩子的饮食的同时带着孩子一起锻炼……

二、加强培训，树立正确的家教理念

现在的家长都非常重视对孩子的培养、教育，但许多家长又苦于教子无方，特别是面对所谓的"问题孩子"，更是感到束手无策。怎样教育好自己的孩子？从大量的事实看，家长本身的素质对孩子的成长有着极为重要的作用。所以，我们首先面对的就是要提高家长素质，一个重要的途径是举办家长学校，帮助家长树立正确的家庭教育观念。

（一）校长亲自主讲

每个学期开学，我们都要召开全校的家长会，校长亲自主讲。家长会内容包括：目前的教育形势、学校上一学期取得的成绩、新学期教育教学工作计划、新学期的工作重点、家庭教育方法、校园参观等。家长们都认真参会，详细记录。会议使家长们深刻感受到学校工作统筹规划的科学性、严谨性、可操作性。家长们对学校的美好前景充满了信心，纷纷参与会议的交流，表达自己的想法，决心不断加强家校协同。

（二）定期召开年级家长会

我校成立了以年级组为单位的"家教工作研究互助组"，每个月年级组都要利用教研机会组织专题的"家校联教"的专题讨论交流，做好召开年级家长会的充分准备。通过这一活动，使更多的班主任老师同家长联系得更加密切了，更多家长掌握了有效的教育方法，老师们得到的是孩子们健康快乐的成长。

（三）各班定期召开家长会

我们建立了家长委员会制度，每学期各班家长委员会至少召开一次会议，我校每年召开家长委员会的场次都达到 20 场次。家长委员会的成员们都能起到很好的宣传作用，带领更多的家长参与到学校的各项工作中。除了家长会，学校的各项大型活动均邀请家长自愿参加，每一次大活动，全校近一半的家长积极参与，如运动会、庆六一活动等，家长们和孩子们一起活动、上课，与老师们一起组织秩序，学校成了一个和谐的大家庭。

（四）认真上好一、三年级的家教课。为了有效提高家长的各方面素质，我校认真组织家长上好家教课，还组织召开家长座谈会，探讨各种不同的家教方法，虚心向经验丰富的家长请教，取长补短。每年我们都重点为一年级新生举办家教讲座，开学初进行入学前教育，学期中安排几次家教讲座。针对三年

「向阳文化」引领生命起航

级的学生家长，我们为家长特别安排了"养成良好的学习习惯"讲座和"从低年级到高年级过渡的教育"等有针对性的讲座，受到家长的一致好评。

（五）不定期地组织专题报告。为了更有效提高家长的家教水平，我们不定期地举办《走进孩子心灵》系列专题报告会。同时，我校利用家教专栏有针对性地向家长宣传正确的教育子女的方式、方法，使家庭教育与学校教育统一起来，联成一个强而有力的整体。

部分家长参加培训的感受摘抄如下：

感受一：通过在家长学校的学习，我知道了该如何对孩子进行教育，如何与学校老师配合教育孩子，如何培养与锻炼孩子各方面的兴趣，学校帮助我们树立了正确的教育观和人才观。同时，我也更深刻地体会到家庭教育在孩子成长、学习过程中的重要性。同时我更加深切地体会到，当教师难，做家长也难，做一个合格的家长更难。做一个好的家长真是任重而道远。幸好有家长学校，我对家庭教育有了更深、更新的认识，在尽力做好家长的同时，我在各方面也有了一些不同程度的改变和提高。（李思琪同学的家长）

感受二：今天，学校组织我们家长听"学会爱孩子的方式"的讲座，我真是受益匪浅。一个智慧家长能成就孩子的幸福人生。那么怎样能成为一名智慧家长呢？有三个要素：看远、看透、看淡。如何"看远"，在孩子小时候我们就得给孩子种下不同的他将来需要的种子，比如身份种子，行孝种子，好奇种子，见识种子。看远一定要看准方向，方向比努力更重要。"看透"是让我们不要光看孩子表面，要看背后欠缺什么。儿子一直马虎，我总会问为什么会错，今天我听课以后发现自己原来做的是错的。孩子之所以马虎，是欠缺某种能力。如果我们一直追问为什么，孩子就会想用各种借口说服我们，甚至学会说谎，其实孩子会说谎是我们大人引导的。我汗颜，幸亏现在来得及改正。"看淡"是说家长看重什么？看重的是成绩还是孩子的见识。我现在明白了见识比成绩更重要，我要让孩子多出去走走，增长孩子的见识。希望自己在今后孩子的教育中能吸取名师的教学经验，要求自己，完善自己，超越自己，能成为一名智慧家长。（赵宇鑫同学的家长）

感受三：今天，我听了关于"提升父母管理情绪的能力"的讲座，收获很大。生命品质的保障取决于情绪，人最先接受的也是行为背后的情绪。情绪可以不计后果。有些人甚至因为一时的情绪酿成了无法挽回的后果。所以，如何

控制好情绪是一个不可小视的问题。情绪是可以互相影响的，父母的情绪直接影响到孩子。现在好多父母可能因为家庭或工作上的事情，把情绪带到家里，孩子直接被影响了。所以，要让孩子发展快乐情绪，父母也要起带头作用。快乐不是教的，而是主观意愿，是在良好的关系中产生的。我们做父母的要培养孩子乐观积极向上的情绪，让孩子在快乐中学习、成长。让他们成为一朵朵乐观向上的向阳花。（孙锦程同学家长提供）

感受四：今天，我有幸聆听了曹萍老师的讲座"送给孩子最好的礼物"，真的很开心。大家可能会想出各种各样送给孩子的礼物，可能说出 N 种都不会重样，可是什么才是对孩子最好的礼物呢？其实送给孩子最好的礼物就是一个温暖的家。一个温暖的家必须由健康的夫妻关系构建而成。孩子的安全感来源于父母，小时候的经历会对他将来产生很大的影响。所以，我们做父母的必须给孩子树立一个好榜样，让小孩子从我们的合谐相处中度过美好的童年，不为他的将来留下遗憾和不好的烙印。（孙锦程同学家长提供）

第二节　树立阳光家长榜样，积极建设阳光家长队伍

榜样的影响力是十分强大的，尤其对于同一类人来说，榜样教育更能帮助他们确立最初的目标、给他们以奋进的力量和成长的动力，加速成长、提高的进度。注重家长身边典型的示范引领作用，使选树榜样的过程转变为家长们自觉学习、主动宣传、努力争做典型的过程，推动阳光家长队伍建设。所以说，树立家长中的好榜样，是非常重要的，能对其他更多的家长起到积极的借鉴、模仿的作用。成功家长的榜样的力量是无穷的，成功的典型家庭教育事例最容易打动人心，最容易产生良好的激励作用。

我校充分发现家长中的典型，利用家长会、学校公微、"六一表彰"等途径进行宣传、激励，倡导更多的家长行动起来，加入到阳光家长队伍建设中。学校每年都有近一半的家长得到"阳光家长"的殊荣，他们是爱心善举的榜样、亲子阅读的榜样、热爱学习的榜样、积极锻炼的榜样、诚信经营的榜样、乐观敬业的榜样，等等。

"向阳文化" 引领生命起航

一、爱心善举的榜样

孩子从小到大，家长的一举一动、一言一行都对其性格、品德发展形成起着潜移默化的作用。家长首先要求自己有高尚的品德，才能给孩子起到正确的引领作用。人们常说："看，这孩子走路和他父母一个样"，可见家长的行为举止都是孩子学习的榜样。孙敬修老前辈曾对家长们说："孩子们的眼睛是照相机，脑子是录音机，你们的一言一行都刻在他们的心上，要做好榜样啊！"榜样的力量是无穷的，它具有很强的说服力和感染力。家长能自觉地遵守社会公德，维护公共卫生，吃完瓜果将果皮放进垃圾箱中，孩子也会养成这种维护社会公共卫生的习惯。反之，必然会对子女有不良的影响，孩子也会从小学习。以下是一位家长爱心善举的事例：

爱心手套

2013 年 11 月，初冬的一天，天气寒冷。凛冽的寒风呼呼地刮着，吹到脸上如刀割，吹到身上异常刺骨。站在操场上操的同学们常被冻得哆哆嗦嗦，稚嫩的双手蜷缩着不愿伸出来，活泼好动的孩子们也因此而不愿嬉戏了。可就是这样一个寒冷的冬季，四（1）班的全体师生收到了一份令人感动的温暖。

那天中午吃过饭，孩子们像往常一样在休息，门卫电话通知班主任王春红老师到门口去取东西。王老师打开一看，原来是几十双手套：大号的、小号的、男生的、女生的，五颜六色，想得多么周到、多么细致呀。随后学生张溢萌爸爸给王老师发过来一条信息："王老师：您好！双手创造世界！双手创造未来！渐冷的季节里让爱温暖孩子们的每一双手，同时祝孩子们学习进步！快乐健康！我们给班里的每个孩子买了一副手套，一片心意！旨在让孩子们更团结友爱！团结在您身边，团结在新小这个快乐的家园。同时祝您工作顺利！"

读了这条短信，王老师深受感动，这哪里只是一副手套、一条短信呀，这如同一缕灿烂的阳光照亮了老师和孩子们的心，照亮了整个班级。手套发到了孩子们的手中，孩子们无比兴奋和感动，不约而同地鼓起掌，温暖的阳光洒满每个孩子的笑脸。此时，孩子们已难以抑制感动的心情，他们一起讨论着、感受着，并将他们的想法记录下来。随后，王老师及时引导学生，学会在享受爱

的同时要拥有一颗感恩之心。

王老师将家长的关爱，孩子们的感受编制短信发给每个家长，家校携手，共育阳光少年。短信写道："各位家长：您好！今天上午我班张溢萌的家长为我和孩子们每人送来一副手套，这副手套寄托着家长的一份温暖，一份关爱，一份希望，我和孩子们都非常感动，并抓住契机对孩子进行了教育。感谢各位家长对我、对学校工作的大力支持，我愿和各位家长携手，为孩子的健康快乐成长而努力！"

在以后的日子里，天气寒冷了，王老师总提醒孩子们戴上"爱心手套"再出去活动，家长的爱随时戴在手上，记在心里，这副手套陪伴着孩子们整个冬季。在这个冬季，师生们因这副"爱心手套"而感到无比温暖与幸福。（新发地小学王春红老师提供案例）

像这样的爱心善举还有很多：孩子们长高了，一些家长自发来到学校，给孩子们调节课桌椅；一段时间，低年级很多家长自愿到学校和老师一起大扫除；元旦联欢会，家长们和孩子一起为联欢会制作拉花；学校组织大型活动，家长们来到学校做志愿者，帮助组织。家长们的言行，让校园的阳光更加灿烂。

二、陪伴孩子阅读的榜样

苏霍姆林斯基指出："所有那些有教养、品行端正、值得信赖的年轻人，他们大多出自对书籍有着热忱的爱心的家庭。"吉姆·崔利斯《朗读手册》上也有这样一段话："你或许拥有无限的财富，一箱箱珠宝与一柜柜的黄金。但你永远不会比我富有，我有一位读书给我听的妈妈。"史斯克兰·吉利兰用诗一样的语言告诉我们"亲子阅读"在学生课外阅读当中所起到的重要作用。

近年来，我们在全校积极开展亲子阅读的活动，倡议家长和孩子们一起成长。家长们积极响应学校的号召，克服困难和孩子一起阅读。在亲子阅读的过程中，家长和孩子们都感受到了阅读带来的快乐。活动极大地激发了孩子们的阅读兴趣，即使一年级的孩子一年都能读十几本书。阅读让家长和孩子们开拓了视野，加强了沟通，荡涤了心灵。特别是国学经典，让家长和孩子们边读边受到教育。以下是家长和孩子们一起阅读的感受：

榜样一：于滔滔的家长

为了引导学生走进国学，让国学净化心灵，我为孩子购买于丹教授的《论语心得》。我觉得现在的孩子长大以后，有时跟父母会发生冲突，有的孩子从小就有逆反心理，父母、孩子之间有代沟。作为家长，一定要引导孩子学会理解，正所谓'又敬不违，劳而不怨'。当我们意见不统一时，我们要和孩子进行沟通，引导孩子和父母一起过上一种快乐的日子。

我们经常会一起讨论《论语》中的言论，《论语》没有一处不充满着智慧，智慧就是洋溢在字里行间的东西，它不见得就是拎出来的一两句警句，更多的时候它是一种思维的方式。而我们应该引导孩子获得大智慧，而不是小聪明！

有一次，我们在讨论到智慧之道时，"同样是吃饭，有些人是为了充饥，而有些人是为了美食。同样是睡觉，但有些人不仅是为了睡觉，而是为了做梦。动机不一样，智慧的方式也不一样，仔细分析分析，还真是千差万别。"这正是《论语》带给孩子的理念，也使我深受感动，它带给了我的家庭更大的智慧，也使孩子受益匪浅。

榜样二：刘国伟家长

自从学校向家长发出"与经典同行，滋润美好心灵"国学经典诵读活动的倡议以来，我坚持每天和孩子诵读15分钟，我认为这项活动非常有意义，既锻炼了孩子的记忆力，让孩子了解祖国灿烂的经典文化，又能使我和孩子在经典中一起成长。

在家里，我不仅让孩子完成好老师布置的经典诵读作业，还为孩子购买了《千字文》《百家姓》《论语》等经典书籍。每天，我都要抽出时间和孩子一起背诵。记得刚开始接触《论语》时，没想到记忆理解起来如此艰难。我和孩子经过几天的刻苦学习，终于了解了其中的一些道理。我经常跟孩子一起背诵古诗，有时还抽查他背诵的情况，并且时常会搞个突然袭击，进行个小比赛，我背上一句，他背下一句。记得那天，孩子正在玩，我突然说了一句："死去元知万事空，但悲不见九州同。"儿子马上回答说，"王师北定中原日，家祭无忘告乃翁。"我们背了一首又一首，我高声称赞他背得不错。儿子异常骄傲地说："您考了我那么多，该轮到我考您了吧！"就这样，我们经常在一起进行比拼，家里充满了欢声笑语。我还会让孩子去背那些朗朗上口的《三字经》《千字文》等，这些经典美文和诗词歌赋，都会带给孩子大的智慧，滋润孩子

的心灵。

经过不懈的努力，孩子的兴致越来越高，已经背下很多经典篇章了，还在年级组的国学经典诵读比赛中获得了第一名。现在，经典像一个形影不离的好朋友陪伴在我和孩子的身边，它让我明白了很多圣人之道和教育孩子的方法，也让孩子明白怎样做人，怎样做事。感谢学校组织的这项有意义的活动，我希望这样的活动能够延续下去，希望家长能和学校携起手来，共同传承民族精神，继承民族智慧！让国学经典伴随我们和孩子一起成长。

三、热爱学习的榜样

家庭教育是一门多学科的综合教育学，高尔基说："教育孩子并不是一件很容易的事，要善于教育他们，这就是国家的一桩大事了，这需要有才能和渊博的生活知识。"

对于家长来说，不要求每个人都成为教育专家，但如果家长们不能了解孩子成长发育中的规律，往往会做出一些违背教育规律的事情，产生不良后果。很多时候，家长让孩子努力上进，自己却得过且过、懒散无比；让孩子品德高尚，自己却不懂谦逊、恶语伤人；让孩子心平气和、尽职尽责，自己却急功近利、不择手段；让孩子与人为善、淡泊处世，自己却蛮不讲理，甚至与邻里大打出手。看来，做家长是一门需要终身学习的艺术，在关心孩子的成长的同时，也要注重自身能力的提高。家长要善于学习，使自己成为孩子求知的良师，为孩子做出好榜样。

我们积极倡导家长们不断学习，强化家庭功能，努力提升自身素质和教育水平。为了家长们更有针对性地进行学习，我们自主编辑了《向阳花开——和孩子一起成长》学习手册，这份手册是全校的老师们搜集、编写的家庭教育集锦。以下摘录了部分家长的学习感受。

何睿麒家长学习感受：

今年我儿子到了上小学的年龄，有幸进入了丰台区新发地小学。在入学家长会上，每位家长都得到了一本书，书名是《向阳花开——和孩子一起成长》这是一本由新小教师们共同完成的家庭教育类图书。这本书为我们家长如何在家庭中正确地教育孩子指引了方向。我回家后细细读，这是一本实践与理论完

美融合的家教书，书中每一条亲子建议、每一个亲子故事都很有说服力和教育性。我们每个人都生活在家庭中，都曾有意或无意地接受过父母的教育，现又都在有意或无意地教育着自己的孩子。从一个人成长的全过程来观察、思考家庭教育，才能够较全面地、恰当地认识到它的重要意义。家长有了正确的思想和科学的教育方法，才可能教育出好孩子。家长本来就是教育者，我们的思想修养教育水平提高了，必将是更有力的教育者。我们家长会努力配合好教师一起呵护孩子的成长。

在亲子建议章节里，列举了家庭教育中许多家长经常犯的语言和行为上的错误，并给出了正确的处理方法，我从中受教颇深。在亲子故事章节里，有很多古今中外的亲子故事，对于我们家长而言都是有着很强的借鉴意义。我们可以从亲子故事中学习到很多正确的教育理论，而这些理论对于孩子的教育是大有帮助的。和谐篇里讲述了几个感人的家庭故事，看后我潜然泪下，深深地感觉到家庭和谐是正确引导孩子的基础，是教育孩子的完美环境。书中的散文写得恰到好处，诗意浓浓，让人回味无穷。书中的插图全部都是新小各年级同学们的书画剪纸作品，让人赏心悦目，看得出新小是一所注重素质教育的学校，非常庆幸我的孩子成为这所学校中的一员。

孙锦程家长学习感受：

《向阳花开》这本书写得真是太好了！这本书不仅讲述了家庭教育的32条，如何给孩子传递正能量，还有父母可能存在的20个坏习惯及一些名人的感人的教子故事，我真的很感动。同时，我也发现了我对孩子的教育存在太多的问题，这本书警醒了我。

失败也是孩子的权利。是呀，每位家长都希望自己的孩子永远是赢家，永远成功，希望孩子在成长的道路上少走或不走弯路。所以当孩子遇到挫折和失败的时候，父母往往比孩子还着急。当然我自己也是这样，当宝贝第一次面临入学考试时，可能他也很紧张，毕竟是人生的第一次考试，最后他告诉我他得了96分，对于这个成绩我很不满意，我说了他："为什么不认真一些呢，你可以得一百分的！"可是儿子却说："我觉得自己这个分数，我满意了。"于是我很生气，当众说他不上进。可是儿子真的被我伤到了，他没了自信心，说我嫌他没用，我很后悔，自己太要强，希望儿子拔尖，可是我的想法无形中给儿子带来了巨大的压力，甚至产生了负面的影响。我把他当大人看了，孩子的

想法真的很单纯，他有这个自信我应该高兴才对，可是我却伤害了他。孩子失败了，我们更应该去鼓励他、帮助他，而不是一味地责怪。在人生的道路上没有人会一直成功的，孩子也有失败的权利。

给儿子最好的营养品是吃苦。这个故事讲述的是名人姜文教子的故事。姜文看到了两个儿子衣来伸手、饭来张口，跌倒都不知道自己爬起来，在家如龙似虎，出外就变成了怯生生的小白兔，这样下去怎么得了。于是决定把这两朵温室的小花，带出去接受军事化的吃苦主义教育。两个小家伙真的变了，让所有亲友们都没话说了。想想自己的孩子，我们每家都只有这么一个孩子，哪个父母能让孩子受一点点苦？恨不得把所有好的东西都给他。可是这些温室的花朵有着太多人的呵护，根本经历不了风雨，受一点挫折就受不了。所以现在的孩子最缺的不是营养品，而是苦头。多吃苦是有百利而无一害的，既锻炼了身体，又增强了体力。少时吃苦不算苦，算财富！有机会我也会带孩子去体验一下艰苦生活，让孩子自己明白这个道理。

孩子是祖国的未来，祖国的希望寄托在他们身上。为此，我呼吁广大学生，从现在起要努力学习，培养良好的道德修养，长大后能做个对社会有用的人。同时我也希望广大家长能借鉴这些名人的教子经验，让我们的孩子做一个坚强勇敢，不怕吃苦，充满自信，有修养的好学生。让孩子将来成为一个对社会有贡献的人。

第三节　实施阳光家长评价，让家长陪伴孩子一起成长

随着社会的发展，家庭教育中家长和孩子的关系也在发生着变化。以前的家长是家庭教育权威，强调的是孩子要听家长的话。现在的家庭教育更需要家长在教育子女的过程中与孩子进行平等的交流，尊重孩子的感受和想法。如果还是一味地强调"孩子听话"，很难培养出适合未来发展需要的建设者和接班人，也常常会引起家庭的矛盾。家庭教育要适合孩子的健康发展的需要，家长们必须做出调整。孩子不再是唯一被评价的家庭成员，家长也要接受来自孩子的评价。

以往谈到评价，我们所做的更多的是对学生进行评价，教师、同伴、家长分别对学生进行评价，以评价促进学生成长。由此，我们可以看到评价对人成

长的促进作用。为了促进阳光家长工程的建设，我校近年来积极开展对家长、学生的双向评价。对家长、学生的评价分别为10个项目，10个项目的内容基本相对应，以促进家长和孩子共同向着一个目标努力。每年新生入学后的第一次家长会，评价是一个重要的培训内容。

一、实施阳光家长和阳光少年评价

我们精心设计了阳光家长和阳光少年评价标准。评价的设计目的在于给家长的家庭教育指引方向。因此，应根据小学生的成长需要，进行科学、合理的设计，内容具体、不空洞，可操作性强，便于对照评价，引导家长和孩子的行为。

依据小学生的年龄特点和成长需要，阳光家长的评价内容涉及家庭成员的文明交往、家庭良好的学习环境的创设、家长努力学习提升、家长和孩子平等交流、家长注重孩子各方面的发展、家长注重培养孩子的自理能力等。

针对阳光家长的评价标准，我们设计了阳光少年的评价标准，内容涉及孩子尊敬家长、按时完成作业、集中精力学习、主动与家长沟通、关心家长的健康、喜欢和投入社会实践活动、主动养成自理能力、接受家长的帮助等。

我们每学期对全校的家长和学生进行一次评价，并且对评价的结果进行详细的统计和分析，由此帮助家长和学生找到努力的方向。以下是一年级家长、学生的评价结果统计：

孩子心中的阳光家长

序号	内容	一(1)班	一(2)班	一(3)班	一(4)班	一(5)班	一(6)班	年级总人数	百分比(%)
1	家长彼此间和睦相处，不在我面前使用不文明语言或无休止地争吵。	33	20	30	30	27	29	169	70.7
2	家长能为我创造良好的学习环境，不以电视、电脑或大声说话来影响我的学习。	30	36	39	35	32	38	210	88

序号	内容	一（1）班	一（2）班	一（3）班	一（4）班	一（5）班	一（6）班	年级总人数	百分比（%）
3	家长能积极学习，不断进取，能做我的"智多星"，能提高对我的教育能力。	38	37	40	34	32	38	210	88
4	家长认真听取我的学习情况汇报，为我推荐一些有益的课外阅读书刊。	38	40	35	35	33	35	216	90
5	家长能经常与我沟通，耐心地倾听我的诉说，不态度恶劣地打断我。	37	35	36	35	32	35	210	88
6	家长能关心我的身心健康、膳食平衡、视力保护和生理健康，带领我积极锻炼身体。	38	36	39	36	34	38	221	92
7	家长能够利用节假日带我参加社会实践活动和公益活动（如：公园、博物馆、社区等社会实践活动）。	37	30	33	34	32	33	203	85
8	家长从不溺爱我，每天都耐心指导我做力所能及的家务，培养我的独立能力。	38	34	35	25	32	37	201	84
9	家长能正确对待我的不良生活习惯，不是强行制止，而是和我讲道理，帮助我改正。	38	37	39	35	33	37	219	92
10	家长能主动与老师保持联系，一起帮助我在成长的道路上越走越好。	37	39	34	36	35	37	218	91

这样的评价结果让我们感到欣喜，我们的家长队伍整体情况良好，家长们各方面做得比较好，尤其注重自身的学习提高，关心孩子的身心健康，注意引导帮助孩子进步。当然，从评价中我们也看到了家长身上存在的一些问题，一

"向阳文化"引领生命起航

些家长在处理夫妻之间关系方面存在一些问题。可以看出，孩子们的评价是非常客观的。家长们的一言一行都在孩子们的心中刻下烙印，他们时刻在评价着家长的行为。

家长心中的阳光少年

序号	内容	一(1)班	一(2)班	一（3）班	一（4）班	一(5)班	一(6)班	年级总人数	百分比（%）
1	孩子能尊敬家长，对家长说话有礼貌，从不和家长顶撞或闹脾气。	31	23	28	27	22	24	155	65
2	孩子能按时完成家庭作业，不长时间看电视或电脑。	35	28	37	34	35	38	207	87
3	孩子能集中精力学习，不一边看电视（或玩）一边写作业，注意提高学习质量。	36	32	36	33	36	31	204	85
4	孩子喜欢并认真学习我推荐的一些课外阅读书刊。	29	35	34	28	31	36	193	81
5	孩子能经常与我沟通，接受我对他（她）的教育。	38	39	39	34	34	36	220	92
6	孩子能关心我的身体健康，不向我提过分的要求。	32	36	39	39	35	39	220	92
7	孩子喜欢和我一起参加社会实践活动和公益活动（如公园、博物馆、社区等社会实践活动）。	39	39	39	34	33	39	223	93

序号	内容	一(1)班	一(2)班	一(3)班	一(4)班	一(5)班	一(6)班	年级总人数	百分比(%)
8	孩子从不娇气，每天都能帮助我做力所能及的家务，有一定的独立能力。	33	35	35	32	32	30	187	78
9	孩子能听从我的教育，主动改正不良的生活习惯	35	33	36	33	33	35	205	86
10	孩子能主动向我诉说学校里学习生活的情况，听取我的意见或建议。	35	32	38	33	37	36	211	88

从评价的数据我们能够看出，家长们普遍对孩子们的表现比较满意，特别是孩子们能主动与家长进行沟通，不向家长提出过分的要求，喜欢和家长一起参加社会实践活动等方面表现突出。孩子们需要在尊敬家长、独立能力培养上努力。

二、阳光评价促进家长和孩子一起成长

评价的最终目的是促进家长和孩子一起成长。因此，除了对班级、学校的整体评价数据进行全面统计和分析，我们还将评价的结果交给每一位家长和孩子，让家长和孩子一起看看自己在对方心中的形象，从而了解真实的自己。

（一）家长和孩子互相激励

评价极大地激发了家长和孩子共同进步的热情。许多家长和孩子对照评价标准进行深入的交流，还有一些家长和孩子"约法三章"互相监督。例如一年级（5）班王楷铭同学，他的爸爸为了帮助孩子改正"在家随意发脾气"的坏习惯，和孩子一起制定了个性家庭评价表，每天对孩子进行评价。如果孩子一整天都表现很好，没有随意发脾气，家长会在孩子的评价表画一颗"蓝星"，连续5天蓝星，可以换一枚小印章。孩子有不会做的题，家长能够给孩子讲明白，孩

"向阳文化" 引领生命起航

子也可以给家长的评价表印一枚印章。小印章可漂亮了，是家长和孩子一起挑选的。孩子在和家长的互评过程中逐渐改掉了坏习惯，家长高兴极了。

（二）促进家长和孩子进行沟通

人们总以为家长和孩子每天生活在一起，是最互相了解的人了。但是，通过评价我们发现，有些家长和孩子沟通还是不够充分。例如，二年级的一名学生在评价家长的时候，认为家长不愿意带自己参加社会实践活动和公益活动，因此很少和家长外出。但是，我们发现，这名学生的家长却在这一条评价中，认为孩子不喜欢和家长外出参加实践活动。原来，双方都是在"认为"中评价着对方，其重要原因是缺少沟通。通过评价结果，家长和孩子们再一次进行了了解，也提示自己要多与对方进行沟通。有沟通才有了解，有了解才能有效交流，有效交流才能营造和谐的家庭氛围，才有利于孩子健康成长。

阳光家长的评价让家长们放下架子，促进家长们当好孩子的第一任老师。

评价是方向，也是一种正面的约束，是实现良好家庭教育的重要保障。通过评价，家长和孩子都可以时刻检查自己的言行，以便及时总结、反思、调整，督促了解自己的弱点，提醒寻找改进的方法，既能促进家长和孩子共同发展，又能促进家长不断提高家庭教育的水平。另一方面，家长和孩子也都非常希望得到对方的认可、赞许，评价可使他们获得被认可的成就感，从而增加其继续努力的自信心。此外，对家长而言，评价可使他们充分了解自己孩子的内心世界，以便及时给予子女正确的引导、帮助，或者鼓舞、表扬，甚至批评，等等。

第四节 多方式互动，架起家校协作的桥梁

一、完善组织管理，为家校协作提供保障

为办好家长学校，我校成立家长学校领导机构，制定各项规章制度，认真为家长上好家教课，让他们认识家庭教育的作用，提高他们对子女的责任感，让他们正视家庭教育。

家长学校领导小组，分工明确，职责到位。校长任家长学校领导小组的组长，负责家长学校的总体规划和设计，副组长为主管德育的副校长，负责家长学校活动的组织与管理，组员由教学主任、大队辅导员和各班班主任构成，负

责家长学校具体工作的实施。我们分别设立了校级家长委员会和年级家长委员会,保证各级家长委员会的有效运作,保证家校的顺利沟通。

二、家长走进校园,尽显家校协作的魅力

家长和孩子生活在一起,对于孩子喜欢吃什么、穿什么等比较了解,但是对于孩子真正的需要、现实的学习情况却未必了解。家长了解孩子的需要非常重要,可以说,了解孩子的需要更高于家长为孩子所做的一切事。我们开展了"和你在一起"的活动,通过多种途径使家长真正走进学校,走进课堂,参与活动,近距离地了解孩子的学习、生活,便于家长更好地进行家庭教育。我们通过以下途径让家长走进孩子的学习生活。

(一)同读好书:几年来,我校坚持开展亲子阅读活动。倡导家长每天与孩子读书半小时,每月要写一篇与孩子一起读书的心得。老师为家长传授亲子阅读的方法,定期为孩子、家长推荐好书,同样家长也为其他孩子们推荐好书。目前,学校已经形成了良好的亲子阅读氛围,家长和孩子们在阅读中不断成长。

(二)同进课堂:我校坚持每学期举办家长课堂开放日活动,让家长走进课堂,与孩子们一起上课,一起参与大课间活动。家长们关注孩子的课堂表现、教师的课堂行为,更加深入了解了孩子们在校学习、生活的状态,拉近了家长与孩子、学校、教师间的距离。

(三)同场竞技:我们邀请家长参与学校运动会、读书知识竞赛等活动,和孩子携手参赛,家长参赛不仅增进了两代人之间的感情,而且加强了与学校的交流。活动中,家长们既是参与者,也是组织者。家长和老师们一起负责活动的组织管理,保证活动有序顺利进行。

(四)同台表彰:每年"六一"我校举行阳光少年、阳光家长、阳光教师的表彰活动。每年同台领奖的家长和学生大约一半左右。家长和孩子一起登台领奖,共同享受着成功的喜悦。

(五)同送喜报:每位班主任都建立了班级邮箱和班级的微信,班主任经常把学生在校的情况,如有趣的发言、比赛的结果、好人好事、学习成绩提高等点滴进步,以喜报的形式向家长汇报,既表扬了优秀,又激发了全体。

(六)同为教师:为了充分挖掘家长的资源,我们在充分调查的基础上,

"向阳文化"引领生命起航

积极开展家长讲堂及家长志愿者活动，变家长过多的被动参与为主动参与。家长们走进学校，走进课堂，走进活动，走进了孩子们的心灵。家长在学校也成为了教师，给孩子讲故事，组织孩子们活动，为孩子们的成长贡献着自己的智慧。孩子们对这些"爸爸妈妈老师"充满了好奇和兴趣，热情高涨。

为了孩子的健康成长，为了孩子的美好未来，家长们要不断地学习，努力提升自身素质，以自身的道德品质培育孩子的良好品德；要为孩子营造民主、愉悦的家庭氛围，以和谐的环境培育孩子健全的人格；要全面了解孩子，以有效的家教策略引导孩子成长；要懂得放手，注重孩子独立能力、自理能力的培养，以实践培育孩子的生存能力；要与教师经常沟通，以家校协同的方式共同培育孩子……总之，做家长不容易，做一位成功的家长更不容易。孩子的成长与发展，要依靠学校的教育，家庭的配合，社会的帮助，让学校、社会、家长共同携手，用美德和智慧浇灌孩子纯洁的心田，用心陪伴孩子成长，让每一朵向阳花美丽绽放！

后 记

　　《"向阳文化"引领生命起航》是新发地小学"向阳文化"思考与实践的历程。多年来，在向阳文化的引领下，学校的干部教师们进行着不懈的努力，形成了学校的环境文化、教师文化、学生文化、课程文化、课堂文化。本书记载了学校干部教师们在"向阳文化"建设之路上实践探索的足迹，其中大部分是干部、教师、家长们的实践与亲身感受，反映了学校积极践行"向阳文化"的收获与体会。但这只是我们"向阳文化"建设路上的一段历程，我们的思考与实践还比较肤浅，从内容到文字一定存在着各种各样的问题。我们愿真诚地与各位同行们进行交流。

　　本书编写的过程中得到了多方面的关心和支持。感谢"北师大文化建设专家组"的各位老师们，特别感谢周卫教授和赵树贤博士在我校文化建设中付出的辛苦。感谢原丰台区教科所张文清所长的悉心指导。感谢北京教科院朱懋勋、张理智老师及首都师范大学杨朝晖教授等为本书的出版花费了大量的心血与时间。感谢现代教育报的共同合作、策划，并为本书的出版付出了辛苦的努力。感谢所有对新发地小学给予关心和帮助的人们，谨在此致以真诚的谢意！

北京市丰台区新发地小学

2015 年 5 月